오늘도 출근하는
김대리에게

오늘도 출근하는 김대리에게

초 판 1쇄 발행 · 2018년 8월 30일
개정판 1쇄 발행 · 2022년 11월 30일
개정판 2쇄 발행 · 2023년 5월 17일

지은이 · 유세미
펴낸이 · 김동하

펴낸곳 · 책들의정원
출판신고 · 2015년 1월 14일 제2016-000120호
주소 · (10881) 경기도 파주시 회동길 445 4층
문의 · (070) 7853-8600
팩스 · (02) 6020-8601
이메일 · books-garden1@naver.com

ISBN 979-11-6416-133-1 (03190)

오늘도

25년차 직장의 신이 우리 시대 미생에게
건네는 따뜻한 격려와 시원한 조언

출근하는
김대리에게

책들의정원

대한민국에서
샐러리맨으로
살아간다는 것

"회사를 생각하면 식은땀부터 납니다. 주말 오후가 되면 가슴도 두근 거려요. 도저히 적성에 맞지 않는 것 같아 그만두려고요. 그런데 그만두면 뭘 해야 할지 막막해요."

"직속상관의 수준이 너무 떨어져요. 도대체 저 사람한테 뭘 배우나 싶고…. 비전도 없어요. 회사가 말이죠. 제 청춘을 바치기에는 앞이 안 보이네요."

때때로 나의 첫 번째 책을 읽었다며 장문의 메일을 보내오는 독자들이 있다. 대부분은 회사생활을 하며 갈등을 겪는 직장인들인데 이들에게는 몇 가지 공통점이 있다. 일단, 메일을 보내오는 시간이 새벽 두세 시쯤이다. (다음날 출근을 어떻게 할지 걱정부터 된다)

불면의 나날을 보내며 참다못해 얼굴 한번 본 적 없는 작가에게 자신의 마음을 털어놓는 셈이다. 그리고는 자신의 상처와 불안을 이야기한다. 그 원인에 대해서는 오로지 타인을 겨냥하거나 아니면 전적으로 자책하는 두 가지 유형이다. 중간이 없다.

또 다른 공통점은 딱히 답장을 요구하지 않는다는 것이다. 부담스럽기도 하려니와 그들에게는 일단 털어놓는다는 것 자체가 중요한 일이라 그렇다. 그것도 자신을 전혀 알지 못하는 타인에게.

그 나이 때 주로 나도 겪고 고민했던 일이 대부분이라 성의껏 답한다. 그러면 의외라는 듯 고맙다는 답장이 날아든다. 그리고 한밤중이라 너무 감정적으로 글을 썼노라며 실제로 그 정도로 엉망(?)은 아니라고 변명을 한다. 그러나 나도 직장 생활 20년을 훌쩍 넘겼는데 어떤 쪽이 솔직한 감정인지 왜 모를까. 이말 저말 해봐야 어차피 다 안다.

첫 번째 책 내용 중에서 나의 직장 생활에 대한 이야기는 일부에 지나지 않았다. 그 적은 분량만으로도 직장인들에게 예상외의 큰 호응을 받았다. 샐러리맨들이 얼마나 현실에 대해, 직장에 대해 많은 고뇌로 마음을 쓰는지 알 만한 상황이다. 이제는 퇴직을 해서 한 발 떨어져 바라보는 내 입장에서는 안타까움이 배가 된다.

　그래서 본격적으로 샐러리맨들을 위해 직장 생활의 과외 수업이라 여기며 쓴 책이 《오늘도 출근하는 김대리에게》이다. 이 책에서 나는 대한민국에서 샐러리맨으로 살아가는 이들이 오해하고, 마음 상하고, 좌절하는 직장 속 일상들에 대한 해답을 솔직하게 제시하려 노력했다. 제3자가 보면 소소하고 별일 아닌 것 같은 직장에서의 많은 상황들이 정작 당사자들에게는 어떠한 영향을 끼치는지를 누구보다 잘 아는 직장 선배로서 현장감 넘치는 조언을 하는 셈이다.

　이 책을 쓰는 동안 나는 치열한 전쟁터 같은 직장을 다시 출근해서 일하고 퇴근하는 기분을 마음껏 누렸다. 때로는 직장 상사를 생각하며 뒷담화를 하고 다른 팀과 회의 시간에 다시는 안 볼 것처럼 싸우고 후배에게 피가 되고 살이 되는 질책이라 포장해 들들 볶아댄 일까지 담았다. 무엇보다 직장인이라면 누구나 겪게 될 무수한 난관을 어떻게 바라보고 지혜롭게 대처해야 할지에 관한 실제 사례를 마치 사무실을 생중계하는 기분으로 썼다.

　직장 생활에서 이론은 그다지 효용가치가 없다. 문제는 실전이다. 세상에 나와 있는 수많은 자기계발서가 그저 활자에 지나지 않음에 늘 안타까웠다. 그래서 더없이 생생한 에피소드와 적절한 해법들을 무엇보다 중요하다 여기며 썼기에 독자들이 그 부분을 현장에서 십분 활용해주기를 바라는 마음뿐이다.

　직장을 다닌다는 건 결코 쉬운 일이 아니다. 그리고 그 모든 '직장'과 '일'은 귀하고 감사한 선물이다. 이제 막 시작하는 신입 사원, 육아와 일이라는 두 마리 토끼가 버거운 워킹맘, 육아대디, 트렌드는 아니라지만 성공에 목을 매고 싶은 워커홀릭, 오늘도 호시탐탐 이직을 고민하는 이 과장, 조기 퇴직을 목표로 제2의 인생을 꿈꾸는 박 차장…. 이 모든 이들이 이 책의 주인공이다. 오늘도 현실을 이기고, 꿈을 꾸며, 다시 한 번 힘을 내어 회사로 향하는 세상의 모든 샐러리맨들을 응원하고 사랑하며.

- 2018년 8월
유세미

차례

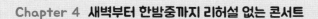

Chapter 4 새벽부터 한밤중까지 리허설 없는 콘서트

Chapter 5 내 인생이든, 회사 인생이든 여하튼 로딩 중

Chapter 1

오늘도 출근하는
우리 회사 김 대리를
소개합니다

바쁜데
─────── 외롭거나,
지루하거나

'회의실에서 나오다 내가 쓰러져버리면 저 인간은 어떤 얼굴을 할까? 내 얼굴이 백지장처럼 되는 거야. 다들 놀랄 만큼. 벌게지면 왠지 없어 보이니까 하얗게 질리는 편이 낫겠지?'

그 인격 파탄자의 '발광'을 한 시간 동안 겪고도 드라마 속 주인공처럼 쓰러지는 일은 없었으니 나의 정신력도 어지간하다. S 그룹에서 가장 주목받는 차세대 주자, 임원 승진 가능성 0순위, S대 경제학과 졸업, 신입사원 때부터 인사 고과 최상위급, 때마다 특진. 하지만 단 하나, 인성으로 따지면 시궁창에 처박아도 시원치 않을 인간이 그마저 카리스마로 포장되니 그의 부하직원들은 남아나지 못할 지경이다.

　더없이 까칠하지만 유능함만큼은 하늘을 찌르는 나의 팀장은 모든 직원들이 그의 마음과 머릿속을 다 알고 있어야 직성이 풀리는 사람인 듯했다. 리포트도 실적도 자신이 기대하는 수준에 미치지 못하면 거품을 물고 욕설을 퍼부었다. "네 머리는 장식용이냐" "수준 미달이어서 함께 일 못 하겠다" "아이큐가 XXX랑 동급 아닌가" 정도의 인격 모독은 기본, 금요일 오후부터 일 폭탄 떨어뜨리기, 경조사로 인한 결근 시에는 그 공백만큼 불철주야 채워야 하는 건 기본이다.

　가장 견디기 어려운 일은 악의적인 왕따 놀음이었다. 그는 어느 부하직원이 마음에 들지 않으면 자신이 주도해서 왕따를 시키기에 능했다. 만일 다른 동료가 그 직원을 감싸고돌면 그조차 보복을 각오해야 했다. 그래서 섣부르게 눈밖에 벗어난 직원을 두둔하기도 어려운 분위기를 만들었다. 이러다보니 직원들은 보이지 않게 끙끙 앓기 일쑤였다. 대표적으로 내가 그랬다. 나는 그 팀장에게 사사건건 눈엣가시가 되는 대표 직원이었다.

　일요일 오후가 되면 이유 없이 심장이 심하게 뛰었다. 두통이 몰려오고, 불안해져 식은땀이 흘렀다. 내일 출근할 생각을 하면 한마디로 너무 괴로운 것이다. '나, 회사 그만둘까봐.' 입술을 달싹이며 이렇게 혼잣말을 중얼거렸다. 그러나 그럴 수 없다는 걸 내가 더 잘 알았다. 나는 회사가 좋았다. 남들이 다 좋다고 하는 그 회사 명함이 자랑스러웠다. 괴롭히는 상사가 있다고 회사를 그만둘 수는 없었다.

인격적으로 모멸감을 느끼고 내 능력에 대해 스스로 의심하고, 의욕이 떨어지고 건강이 악화되어갔다. 그런 시절을 보내며 당시에는 그것이 '회사 스트레스에 의한 우울증'이란 사실을 알지 못했다.

그 악명 높던 팀장이 다른 부서로 인사 이동하게 되자 나는 진심으로 그를 축하했다. 그리고 감사했다. 왜냐하면 조금 더 함께 있었더라면 내가 못 견디고 회사를 그만뒀을 테니까. 한동안은 등에 날개라도 돋아난 듯 발이 땅에 닿지 않게 날아다녔다. 오죽하면 어느 선배가 내게 표정 관리 좀 하라고 농담을 던질 정도였다. 사실 그 선배도 그런 말할 처지는 못 되었지만.

세월이 흘러 돌이켜보면 때때로 더한 어려움도 있었지만 그때가 직장 생활 중 한 고비였음에 틀림없다. 최근 사회적 문제점으로 떠오르고 있는 '직장인 우울증'은 정도의 차이가 있을 뿐 직장인 대부분이 경험하는 일반적인 현상이다. 문제는 경우에 따라 인생을 심히 불행하게 느낄 수도 있고, 일상생활에 불편함을 겪기도 한다. 시간이 흘러 내가 중견 간부로서 후배들의 고충을 듣는 위치가 되었을 때 알게 되었다. 예전보다 직장인들은 회사생활을 더욱 힘들어한다는 것을…. 먹고사는 일이 참으로 쉽지 않다는 말의 참뜻을 알게 되었다고나 할까.

회사가 나에게 우울증을 선물 했습니다

다소 내성적이긴 하지만 후배 준수는 성실하고 늘 미소를 머금은 30대 초반 대리였다. 일을 썩 잘하지는 않지만 그래도 평균적인 실적과 무난한 인간관계로 회사 생활에 그리 불만은 없어 보였다. 그런 그가 어느 날 사직서를 제출했다. 어지러움증 때문에 자주 병원 신세를 지던 지난 1년이었다고 한다.

"처음에는 원형탈모증으로 치료를 받기 시작했습니다. 그러다 가슴이 답답해지고, 자주 가위에 눌려 잠도 못 자고…. 약을 먹기는 했는데 효과도 없고, 결국에는 어지러워 서 있지도 못하겠더라고요." 준수는 이 얘기조차 특유의 장난스런 미소를 머금고 털어놨다.

병원에서 온갖 검사를 했다. 깜빡 정신을 놓고 쓰러지기에 이르자 결국 정신건강의학과에서 상담을 받고 내린 결론은 '직장인 우울증'. 과도한 스트레스가 우울증을 유발한 셈이고 가장 좋은 약은 회사를 그만두는 것이라는 극단적인 처방이 나왔다.

"죽을 것만 같았어요. 숨이 막히고, 겉으로 말은 못 하고, 자주 멍하니 어떻게 죽을 건지 방법을 연구하고 있는 제 스스로에 깜짝 놀라기도 했죠. 하지만 지금은 어떻게 보면 홀가분합니다. 진작 그만둘 걸 하는 생각이 듭니다." 지친 얼굴로 해쓱하게 웃는 그의 모습에 마음이 아팠다. 다시 생각해보라고 말하려던 나는 그만 할 말이 쑥 들어가 버리고 말았다.

사실 이러한 준수의 모습은 대부분 회사에서 쉽게 볼 수 있는 사례이다. OECD 국가 중 자살률 1위라는 대한민국의 불명예에는 분명 직장인 우울증이 일조하고 있다. 직장인들은 시한폭탄을 품고 출근하는 것이나 다름없다.

더불어 자신이 우울증인지 모르는 경우도 허다하다. 몸에는 여러 가지 증상이 나타나지만 병원에 가면 똑 부러지게 진단이 나오지 않기 때문이다. 예를 들어 우울증 증상으로 공통적인 몇 가지가 있다. 무슨 일이든 집중하기 힘들거나, 우울감이 계속되고, 두렵고, 외롭고, 잠을 잘 이루지 못하며, 어떤 일에도 지루해 하거나 엄두가 나지 않는 증상이 대표적이라고 한다.

그러나 "나는 직장에서 스트레스로 인해 지금 우울증을 앓고 있습니다"라고 말할 수 있는 직장인은 드물다. 상사나 동료에게 털어놓을 경우 도움을 받기보다 꾀병이나 정신병 환자로 취급당할까봐 말을 꺼내지 못해 더욱 증상을 악화시키는 특성이 있다.

아프면 아프다고 말할 수 있는 사회가 건강한 사회이다. 그렇다고 말할 수 있는 회사가 건강한 조직임은 당연하다. 내 인생을 책임진다는 건 내가 지금 아프다는 증상을 인지함이 기본이다. 그리고 적극적으로 고치고자 노력해야 한다.

직장을 다니면서 우울증세가 있을 경우 가장 좋은 방법은 사실 전문가에게 상담을 받는 것이다. 그러나 아직까지 우리 사회에는 정신과 상담을 꺼리는 분위기가 팽배하다. 손가락에 상처만 나도 약을 바르고 반창고를 붙이면서 왜 마음의 병에는 그렇게 인색한 걸까.

그렇다면 이 방법은 어떨까? 오랜 기간 동안 직장생활을 했더니 확실한 사실을 한 가지 알게 되었다. 바로 '직장이 전부가 아니다'라는 현실을 알아채는 것이다. 우리는 많은 오해 속에서 살고 있다. 그중 하나가 지금 다니고 있는 직장을 그만두면 당장 큰일 날 것 같은 오해이다. 지금부터라도 당장 직장은 내 인생에 최우선 순위가 아니라고 인정해보자. 내가 찬찬히 걸어가야 할 인생길도 수많은 갈래 길로 나누어져 있는데 이 직장만 답인 것은 아니라고 인정해버린다면 얼마나 마음이 편안해질까. 다른 길을 걸어갈 수 있는 도전을 결코 두려워하지 않아야 한다.

지금 이곳이 내 삶의 절대 명제가 아님을 직시하면 좀 더 쿨하게 직장생활을 누릴 수 있다. 얼굴만 쳐다봐도 가슴이 쿵 내려앉게 하는 선배나 상사를 바라보며 '어차피 당신도 나처럼 부족함이 많은 샐러리맨'이라는 동질감을 가져보는 것은 어떨까.

회사에서 업무나 상사에게 주눅이 들어 웅크리고 있는 건 일종의 습관일 수도 있다. 그렇다면 어깨를 펴고 '괜찮아, 어제보다 좀 더 잘해보자. 나 스스로에게 기회를 주자'라고 생각해보는 것도 좋다.

이런 마음 연습은 내 명줄이 누군가의 손에 달려 있다는 공포와 착각에서 벗어날 수 있게 해준다. 그게 마음대로 되냐고? 시도부터 해봐야 하지 않을까. 해보지도 않고 지레 짐작 두려워할 필요는 없다. '열심히는 하겠지만 여기가 전부는 아니다. 누군가로 인해 불행해질 만큼 휘둘리지 않겠다. 그리고 나를 끊임없이 격려해야지.' 이것이야말로 마음 근육을 튼튼하게 하는 훈련이다. 건강해진 마음 근육으로 직장에서 우울감이 튕겨져 나가게 하다니 얼마나 통쾌하냐고요.

직장에서는
자주 ———————
눈물겹다

"쟤는 뭐라고 자꾸 중얼대는 거야?" 며칠 전부터 명수 대리가 이상하다. 컴퓨터 앞에 앉아 혼잣말을 하는 일이 늘었다. 경력사원으로 입사한 지 두 달. 그는 내가 직접 면접을 봤다. 뛰어난 인재까지는 잘 모르겠으나 성실하고 자신의 전공인 마케팅에 대해 소신껏 대답하는 자세가 마음에 들었다. 무엇보다 회사 입사를 간절히 원하고 면접관들의 질문에 위트 있게 대응할 줄 아는 것도 본부와 잘 맞을 것 같아 높은 점수를 줬다. 예상대로 입사한 후 그는 뛸 듯이 기뻐하며 회사 배지를 자랑스러워했다.

그러나 의욕에 불타오르던 그의 모습은 점점 어두운 얼굴과 주눅 든 자세로 변해갔다. 당시에는 뭔가 이상하다고 느끼면서도 회사 적응이 마음처럼 쉽지 않나보다, 라며 무심히 지나쳤다. 그러나 오늘은 뭔가 좀 짚고 넘어가야 할 것 같다. 영수 대리의 직속 상사를 불렀다.

"저도 잘 모르겠습니다. 자꾸 혼자 앉아 괜찮다, 괜찮다 주문을 외워요. 무서워죽겠어요." 담당 과장의 말을 듣고 보니 더 이상하다. '뭐가 괜찮다는 거야?' 그를 불러다 앉혀놓고 요새 많이 힘드냐고 물었다. 괜찮다고 한다. 그럼 왜 책상에 앉아 중얼대고 있냐고 하니 버릇이란다. 힘들면 스스로에게 소리 내어 위로하는 버릇···. '참 으스스한 버릇이구나.' 그 이후에도 고쳐지지 않았다. 이제 본부에서 알 만한 사람은 다 알 정도다.

사실 명수 대리가 스스로의 가슴을 두드려가며 "괜찮다"는 주문을 외우는 데는 이유가 있었다. 그의 그런 모습이 무섭다고 엄살을 떨던 직속 상관 P 과장이 집요하게 그를 괴롭혀온 것이다. 원래 스마트하고 아이디어가 많은 인재이기는 하나 누군가를 들볶아야 직성이 풀리는 성격이 P 과장의 치명적인 단점이었다.

괴롭히는 이유도 본인이 불안해서 그렇다. 프로젝트 하나를 진행하기 위해서는 많은 준비와 보고와 결재 과정을 거쳐야 한다. 제대로 준비가 된 건지, 이것이 최선인지, 담당 임원은 과연 마음에 들어 할지. 결국에는 일을 잘해보고자 하는 욕심이 불안으로 연결되고 그러자니 안절부절못하며 만만한 부하직원을 들들 볶아대는 거다.

처음에 명수 대리는 그런 P 과장의 비위를 일일이 맞추었다. 수도 없이 하라는 대로 보고서를 수정했다. 결국에는 처음 버전 그대로 다시 제출하는 한이 있어도 윗사람이 생각이 많아 그렇겠거니 여겼다. 그러나 밤 12시가 넘어서까지 쉬지 않고 메시지를 보내고, 이랬다저랬다 오더를 바꾸고, 전화로 히스테리를 부리는 데야 당해낼 장사가 없었다.

"회사를 어렵게 옮겼어요. 잘해보고 싶었는데…. 저 사람(P 과장)은 도저히 어떻게 해볼 수 없는 거대한 벽이에요. 숨이 막히고 매일 밤 악몽에 시달려요."

명수 대리가 나중에 털어놓은 이야기이다. 회사를 그만둘 작정을 했으니 체념하듯 말하는 기색이 역력했다. 여기에다 명수 대리의 문제가 표면에 드러나자 P 과장의 스트레스 역시 극에 달해가고 있었다. 한마디로 모함을 당했다는 것이다. 잘해보자고, 경력사원으로 입사했으면 실력을 보여주는 것이 회사에서 살아남는 방법이라 열심히 이끌어주었는데 결국 자신 때문에 회사를 다니네 마네 하는 것은 배은망덕이며 선배에 대한 근거 없는 모함이라고 음모론까지 들먹였다.

일이 이쯤 되고 보니 둘이 함께 일하는 건 물 건너간 일이었다. 마치 부부가 이혼하기로 결심하고 단 하루도 같은 지붕 아래 살 수 없다고 선언하는 것과 비슷했다. 결국 명수 대리의 퇴사를 만류하고 타 부서로 전배 조치했다. P 과장에게는 치명상이었지만 그렇다고 퇴사하도록 내버려둘 수도 없는 일이었다. 차라리 이를 계기로 부하직원에 대한 본인의 리더십을 다시 한 번 점검해보라는 기회를 준 것인데 P 과장의 입장에서는 억울하기 그지없었을 것이다.

남자도 눈물을 흘릴 권리와 의무가 있다

회사에서는 드물지 않게 이런 모습을 본다. 많은 이들이 퇴직하고 이직하는 이유는 많지만 결국 인간관계에 의한 스트레스로 귀결된다. 상사 때문에, 때로는 동료 및 부하직원으로 인한 문제가 마음에 상처를 남기고 이런저런 문제들이 쌓여 직장 스트레스가 되는 것이다.

일본에는 '루이카스(淚活)'라는 문화가 새롭게 조명 받고 있다. 말 그대로 울 사람들끼리 모이는 것이다. 감동적인 영화를 보면서 함께 눈물을 흘려 스트레스를 해소하는 모임이다. 처음에는 여성들 위주로 호응을 얻다가 이제는 20~50대 직장인 남성들이 주류를 이룬다고 하니 샐러리맨들의 스트레스가 어디서나 큰 문제임에 틀림없다. 울어서 풀릴 스트레스라면 울어야 마땅하다. 직장 스트레스 때문에 괴로우면 적극적으로 이를 해소할 방법을 찾는 것이 자신을 보호하는 일이며 지혜로운 처신이다.

스트레스에서 비교적 자유롭기 위해 직장인들이 첫 번째 시도할 일은 스트레스를 남편이나 와이프 같은 배우자처럼 생각하는 거다. 우리는 직장에서 하루의 대부분을 보낸다. 수면 시간을 제외하면 집에 머무는 시간보다 압도적으로 길다. 아침부터 저녁까지 눈이 오나 비가 오나 슬플 때나 기쁠 때나 함께해야 할 직장은 결혼과 다를 게 없다.

그렇다면 스트레스조차 함께 살아야 할 동반자로 여겨야 할 일이다. 문제없는 인생은 없다. 스트레스 없는 직장도 없다. '그래, 같이 가자'라고 결심하는 순간 스트레스는 반감될 것이다. 어차피 함께해야 하니 스트레스를 받아도 그러려니 하는 마음의 공간이 생길 수밖에 없다.

두 번째로 업무, 인간관계 등 자신의 마음을 괴롭게 하는 문제가 있으면 작정하고 스트레스 받으면 된다. 단, 시간을 정해두어야 한다. 지금부터 20분 혹은 30분 동안 일단 알람을 맞춰두는 거다. 그리고 노트와 펜을 준비한다. 알람이 울릴 때까지 마음껏 적극적으로 걱정하고 스트레스를 받는다. 그리고 그 생각에 순번을 매겨가며 노트에 적는다. 활자로 적는 이유는 뭘까? 적어놓고 나서 리스트를 바라보면 대부분 해결책이 문득 생각나거나 혹은 읽어보니 별것 아니더라는 생각이 들기 때문이다. 그리고 나면 곧 알람이 울린다. 이후 노트를 덮고 더 이상 그 사안으로 걱정하지 않겠다고 결심해보자.

명수 대리도 혼자 괜찮다는 말을 주문처럼 하루 종일 외울 일이 아니었다. 그래서 해결될 일은 없다. 주변 동료들에게 이상한 사람이라는 이미지만 줄 뿐이다. P 과장의 행동으로 본인이 근무를 지속하기 어려울 만큼 힘들다면 이렇듯 그 일을 노트에 적어 객관적으로 읽어보면 해결책이나 도움을 구할 엄두를 낼 수 있었을 것이다.

P 과장도 본인이 결재를 받아야 하는 보고서가 최고 수준인지에 대해 걱정이 되면 부하직원을 한밤중까지 들들 볶을 일이 아니다. 작정하고 이러한 시간을 별도로 가져보았다면 좀 더 좋은 결과가 나오지 않았을까?

막상 실천하기가 주저된다고? 원형탈모증이 생기고, 알 수 없는 빈혈에 시달리는 이유가 스트레스 때문임을 알면서 뭔들 못해보겠는가. 처음에는 힘들 수도 있다. 그러나 한두 번 반복하다보면 뇌가 그런 시스템에 적응하게 된다. '지금은 걱정해야 할 때, 지금은 불안을 멈추어야 할 때' 이렇게 말이다. 가장 중요한 점은 다시 스트레스로 마음이 괴로워지면 '아까 걱정 실컷 했잖아? 지금은 스트레스 받을 시간이 아닌 걸'이라고 스스로에게 말하면 된다.

예를 들어 업무 실수로 팀장에게 찍혀 사사건건 제외되는 사원이 있다고 하자. 이 경우 팀장을 오해한 것일 수도 있고, 진짜 밉보였을 수도 있다. 걱정한다고 바뀌지 않는다. 속을 끓인다고 해결되지도 않는다. 걱정 시간 동안 아마 이 사원의 노트에는 '팀장에게 찍혔다, 인사고과가 바닥을 칠 거다, 다른 부서로 보내버릴지도 모른다' 등등 리스트가 마련될 것이다. 이후 들여다보면 별 거 없다. 인사고과 한번 못 받았다고 해고될 일도 아니고, 다른 부서로 보내면 가면 된다. 그러나 그 걱정은 20분으로 족하다. 최악을 생각해봐도 그리 큰일 날 일은 아니다.

세 번째로는 지금 가능한 일에 집중하는 거다. 회사란 내 능력을 매일 보여주는 무대이다. 무대에 배우가 서면 스포트라이트를 받으며 본인의 대사와 동작을 해야 한다. 걱정스럽다고 아무것도 하지 않은 채 무대에 멍하니 서 있거나 엉뚱한 짓을 할 수는 없다. 회사도 똑같다. 스트레스를 받아 얼굴이 반쪽이 되더라도 그건 그의 사정이다. 최대한 스트레스를 피하는 길은 지금 내가 할 수 있는 최선이 무엇인지를 판단하고 그 일에 집중하는 거다. 그것이 스트레스를 가볍게 하는 데 가장 중요한 요령이다.

스트레스를 어차피 함께 가야 하는 동행으로 생각하며 정해진 시간 내에서만 한시적으로 고민하기, 그리고 지금은 당장 할 수 있는 일에 집중하고 다행히 해결한 일은 속 시원히 지워가는 과정에서 스트레스가 훨씬 가벼워짐을 느낄 수 있다. 이런 노력들이 지혜롭게 직장생활을 하는 발걸음이다. 직장생활을 하는 한 스트레스는 파트너처럼 함께 가되 웬만하면 가볍게 가자. 친구야, 라고 부르듯이.

Are
you
OK?

"제가 지나가는데 모여 있던 직원들이 저를 보며 수군거려요. 왜 그럴까요? 전무님께도 제가 찍혔나 봐요. 지난번 보고 건도 건성으로 듣고 짜증내시는 거 보셨죠?"

난 네가 대체 왜 그러는지 모르겠다. 그러나 말로 타박하면 또 얘기가 길어질 테니 사실만 짧게 말해준다. '걔네는 담배를 피우느라 모여 있는 거지, 너에 대해 관심이 없어. 지나가는 거 그냥 무심히 쳐다본 것뿐이야. 또한 전무님은 네가 보고할 때 건성으로 듣지 않았어. 나중에 나를 불러 그 건에 대해 다시 묻고 지시하신 내용은 전해줬잖아. 별도로 네가 찍힌 일은 전혀 없어.' 이게 팩트이다. 그런데 O 과장은 몇 번이고 다시 '아니다, 아니다'라고 말해줘야 마음이 놓이는 모양이다.

그는 무슨 말만 하면 상처받았다고 끙끙거리는 스타일이다. 남들 기분을 지나치게 신경 쓰는 것이다. 원래 성격이 소심한 건 주변 모두가 알고 있던 사실이지만 직장 생활을 좀 오래하면 나아지려니 했다. 처음에는 상처가 되어도 시간이 지나면 굳은살도 생기고 맷집도 생겨 유들유들해지겠지, 라고 생각했다. 하지만 결코 변하지도 나아지지도 않는다.

예민한 직원들에게는 특징이 있다. 남의 생각과 마음에 유난히 관심이 많다. 오늘 내가 새로 입고 온 옷차림이나 헤어스타일에 남들이 관심을 가질 거라 오해한다. 지나가는 말로 이웃팀 상사가 한마디 한 걸 가슴에 꾹꾹 새기며 그 이면에 숨은 뜻은 무엇일까를 한나절 넘게 곰곰이 생각한다. 이걸로 부족해서 남들에게 물어보기까지 한다. 스스로를 감수성이 풍부하고 딱 보면 척 안다고 굳게 믿는다. 한마디로 촉이 좋다고 오판한다.

또 다른 예민 폭발 R 주임. 잘 자란 청년의 표준 이미지인 그는 여간 예민하지 않다. 문제는 본인이 예민한 티를 내지 않으려 죽어라 노력한다는 데 있다. R 주임은 모든 사람에게 인정받아야 하고, 모두와 잘 지내야 한다는 강박이 아주 심한 케이스이다. 그리고 지나치게 헌신적이다.

모든 궂은일은 누가 말하기 전에 나서서 해치운다. 때때로 '오버하지 마라'는 얘기를 듣기도 하는데 이럴 경우 R 주임은 심하게 상처받고 좌절한다.

남들에게 인정받고 싶은 욕구가 지나칠 때 마음의 상처를 쉽게 받는다. 그는 모든 이들에게 지나치게 잘해주고, 그들이 지나가면서 하는 말이나 작은 행동에 일일이 상처받는다. 그리고 고민하고 혼자 힘들어하는데 문제는 아무도 그 사실을 모른다는 거다. 티를 내지 않으니 그렇다. 티내지 않고 상처받는 사람들은 더욱 치유가 어렵다.

생각보다 남들은 나에게 관심 없다

정글 같은 회사에는 상처주고 상처받는 사람들로 가득하다. 그러다 보니 혼자 상상하고 덧붙여서 상처로 남는 경우가 많다. 예를 들어 회의 중 상사가 건넨 질문에 한 직원이 숫자를 착각해 엉뚱하게 대답했다. 당연히 그는 호되게 야단맞고 풀이 죽어 회의실 문을 나선다. 사실 누구도 그 일에 대해 심각하게 생각하지 않는다. 그럴 수도 있는 일 아닌가?

그러나 정작 본인은(상처를 잘 받는 사람일수록) 혼자 소설을 쓰기 시작한다. '팀장한테 완전히 찍힌 거겠지. 더 이상 이 회사에서 나는 희망이 없는 걸까. 다들 나를 무능한 인간이라고 뒤에서 비웃고 있을 거야. 회사를 옮겨야 하나. 그냥 버티면 얼마만큼 다닐 수 있는 걸까…' 비약이 심하다고? 더 심한 경우도 종종 있다.

상처를 잘 받는 직원들의 특징은 이처럼 자기 협박이 과하다는 데 있다. 자기 걱정 속에 파묻혀 자기 협박을 일삼는다. 그러나 이럴 경우 스스로의 이름을 당당하게 불러보자.

'OO야, 그렇게 고민해서 힘들지? 하지만 나는 오늘 내 인생을 즐겁게 살겠어. 그건 별일 아니야. 앞으로 잘하면 되지, 뭐. 내가 생각하는 것만큼 남들은 내 일에 관심 없어. 그저 그런 일이 있었을 뿐이야. 앞으로 잘하면 되는 거지.'

이렇게 스스로의 걱정에 반응해주는 거다. 소리 내어 이야기하면 효과가 배가된다. 생각만 하는 것으로는 강력한 한 방이 없다. 나 스스로에게 긍정적인 에너지를 줄 수 있는 가장 강력한 원천은 바로 나 자신이다. 이것은 마음의 근육을 건강하게 만들어 상처가 나지 않도록 나를 보호해주는 무기가 된다.

다음으로 중요한 것은 휘둘리지 않겠다고 스스로 경계를 정하는 일이다. 회사에는 다양한 사람들이 모인다. 아부꾼, 자랑쟁이, 질투의 화신, 투덜박사, 불안이 등등 그들에게 일일이 휘둘리면 에너지를 너무 많이 써야 한다. 한정되어 있는 내 에너지를 쓸데없는 데 소모하는 건 좋지 않다. 휘둘리지 않으려면 '착한 사람 신드롬'에서 벗어나야 한다.

예의바르고 긍정적이지만 아닌 건 아니다, 라고 스스로 주문을 외워

보자. 그리고 즉흥적인 비난에는 일일이 대응하지 않으면서 쿨하게 마음의 경계를 긋고, 나에 대한 모욕은 당당히 맞서 중단시키는 용기가 필요하다. 희생자가 되는 건 노 땡큐, 라고 정해놔야 스스로를 보호할 수 있다.

또 하나. 회사는 원래 이상한 사람들이 모여 있는 곳이라는 사실을 인정해야 한다. 원래 그런 곳이다. 회사에서는 왜 친하다고 해도 상대방을 친구라 하지 않고 동료라고 하겠는가? 회사는 학교가 아니다. 친구를 만드는 곳이 아니라 동료와 함께 일을 하는 곳이다. 그 안에 다양하게 이상한 사람들이 모여 있는 건 자연스럽다. 당신의 상사가 지속적으로 상처 준다면 그 역시 이상한 사람이기 때문이지 전적으로 당신 잘못이라 자학할 필요도 없다.

어느 회사든 부하직원이나 동료에게 의도적으로 상처 주고 자신이 힘 있는 사람인양 만족해하는 부류의 사람들이 있기 마련이다. 그런 이에게 침묵은 허용을 의미한다. 그러니 당당하게 거부해야 한다. 이런 용기는 회사에 원래 다양한 인간군이 모여 있다는 사실을 정확히 인지해야 쉽게 발휘할 수 있다.

남에게 받거나 아니면 스스로 자학해서 내는 상처로 힘들어하는 사람들은 '내 마음을 내가 어쩌지 못해서'라고 하소연할 수 있다. 그러나 내 마음을 내가 한번 어찌해보겠다는 마음을 먹어야 지난 상처로부터 자유로워질 수 있다. 인생길이든 직장생활이든 하루 이틀에 끝나는 단기전이 아니기 때문에 상처로부터 마음 다스리기는 행복해지기 위해 필수적인 노력이다.

후배 T는 외모가 연예인 급이었다. (동의하지 않는 사람들도 많지만 본인은 굳게 믿고 있다) 실제 어렸을 때 아역배우 경험이 있다고 한다. 그러나 그런 외모에도 불구하고 그녀의 자존감은 엉망이었다. 늘 사람들이 자신을 싫어한다고 생각했다. 여자들은 자신의 외모를 질투해 따돌리고, 남자들은 어차피 남자가 많을 거라고 지레짐작해 자신에게 접근도 안 한다는 야릇한 망상이 있었다.

그래서 그녀는 원만하지 못한 직장 생활을 힘겹게 해나가고 있었다. 그러던 어느 날 보다 못한 선배의 충고가 그녀에게 결정타를 날렸다. "넌 회사를 징징대러 다니니? 왜 매일 눈치만 보고 주눅 들어있어? 하려면 똑바로 하고 못하겠으면 집에 가!"

힘겹게 용기를 낸 그녀는 사내 행사에 사회를 자원하고 자신을 함부로 대하는 상사에게 무례함이 싫다고 정중히 얘기하는가 하면, 뒷담화하는 동료들을 쿨하게 무시하려고 노력했다. 결국 달라지기 시작했다. 스스로 애쓴 딱 그만큼 우리는 자신을 변화시킬 수 있다.

자주 내 마음을 들여다보라. 그리고 다독다독 돌봐줘야 한다. 내가 나

를 사랑하고 지혜롭게 버틸 때 내 마음도 상처로부터 회복되고 건강해
진다. 나는 원래 그런 사람이라고 결정해버리는 것이 가장 위험하다. 원
래 그런 사람은 없다. 더군다나 상처 잘 받고 그래서 힘들어하는 사람으
로 자신을 규정하는 건 스스로에 대한 예의가 아니다. 어느 날 또 상처
로 쓰라리면 나는 회사에서 존재 자체만으로 가치 있고, 건강한 마음을
가진 사람이라는 사실을 기억해내자. 그리고 듬직하게 자신을 위로해야
한다. 'Are you OK?'라고.

가볍게
힘 빼고, ────────
자유롭게

나는 요즘 블로그에 글을 쓴다. 퇴직하고 평소 전혀 관심이 없었던 SNS에 슬슬 재미를 붙인 것은 아마 그 당시에 내가 속한 조직에서 벗어나 홀로 섰으니, 전혀 모르는 사람들과 소통하는 편이 마음 편했기 때문이 아니었나 싶다. 다른 블로그를 이리저리 찾다보면 참 예쁜 블로그 이름이 눈에 띈다.

그 중 이런 이름들이 있다. '너는 너대로 참 이뻐', '누가 알겠니, 니가 이렇게 이쁜 줄', '설마 이렇게까지 멋있기야?' 이런 블로그를 보면 웃음이 쿡 터지면서 아주 귀여워 미치겠다. 주로 20대 여성들의 블로그다.

이런 이름을 쓸 수 있는 건 스스로에 대해 위트 넘치는 애정이 듬뿍 있어서이다. 자기 자신이 꽤 괜찮은 사람이라 생각하면 스스로에 대해 자신감이 유지되고 무엇을 하든 에너지가 넉넉해진다. 회사 생활도 마찬가지이다. 가장 중요한 것은 자존감이다. 사실 어디에선들 그렇지 않겠냐마는 직장 생활을 잘 버티기 위한 최대 무기는 자존감이라 해도 지나치지 않다. 그만큼 중요하다.

어느 회사건 일 잘하고 똑똑한데 유난히 예민하고 자존감이 낮은 직원들이 있기 마련이다.

"왜 다들 제 욕을 하나요? 내가 뭘 그렇게 잘못했다고. 열심히 일만 하는 나를."

"누가 네 욕을 해? 그 사람들이 그렇게 할 일이 없어? 너한테 별로 관심 없어, 걔들."

아무리 설명해도 소용없다. 은혁 과장의 우울증은 또 도진 듯하다. 마흔이 넘은 나이에 결혼도 하지 않았고 주말도 없이 일만 하는 그는 회사에서 워커홀릭이라 불린다. 그만큼 일은 잘한다. 하지만 그의 유능함을 동료들은 인정하려 들지 않는다. 사회성이 결여된 성격 때문에 동료들과 껄끄러운 관계의 연속이다. 즉 악순환이다. 모든 이들이 자신을 비난하고 미워한다는 강박에 시달리는 은혁 과장은 스스로 불안하고 초조한 심정을 주변에 분풀이하듯 쏟아낸다. 그러니 직원들은 직원들대로 점점 그를 멀리한다.

조심스럽게 정신과 치료를 권해본 적도 있다. 강박증이라는 것이 혼자 힘으로 회복되기 어렵고 일상생활에 불편함을 초래하니 전문가의 도움을 받아보라는 의도였는데 이 제안 때문에 그는 상사인 나에게조차 마음을 닫아버렸다. 마음이 닫히면 옆에서 아무리 도와주고 싶어도 방법이 없다. 혼자 자신의 껍질을 깨고 나와야 한다.

회사가 원하는 가장 멋진 사람

자존감이 유독 낮은 직원은 직장 생활이 행복하지 않다. 노력에 비해 성과도 나지 않기 때문이다. 한마디로 성공적인 직장 생활을 하고 싶다면 반드시 자존감을 높이도록 노력하지 않으면 안 된다.

나의 자존감을 다시 회복시킬 수 있는 방법을 찾는 것은 행복을 찾는 것과 동일하다. 먼저 내 마음을 표현하는 훈련부터 해야 한다. 내 마음을 잘 나타내지 못하는 사람들의 마음속에는 상처받는 것에 대한 두려움이 있다. 거절당하면 어떡하나, 무시하면 창피할 텐데, 라는 마음에 먼저 겁을 집어먹는다.

그러나 '거절당하면 무슨 상관이야. 모든 사람이 다 나를 좋아할 수는 없어'라는 쿨한 자세가 중요하다. '나도 단점이 많은 사람이니 고칠 건 고치면 되지, 그래 난 이런 사람이야'라는 마음으로 나를 드러내면 그런 나를 좋아하는 사람도 있을 것이고, 싫다거나 비난하는 사람도 있을 것이다. 내가 충분히 가치 있는 존재라는 믿음에서 자존감 형성이 시작된다. 회사 일을 할 때 동일한 일을 하면서도 그 가치에 대해 사람마다 다르게 느끼는 이유가 바로 자존감이 서로 달라서이다.

백화점에서 근무할 당시, 신규 매장 오픈이 수시로 있었다. 직원들은 분초를 다투는 오픈 현장에서 먼지를 뽀얗게 뒤집어쓰고 업체들과 공사 진척 사항에 대해 실랑이를 해야 한다. 예전에 해외 브랜드를 런칭해 강남에 로드숍을 오픈했을 때의 일이다. 본부에는 영업과 마케팅을 각각 담당하는 동갑내기 여자 대리가 둘 있었다. 오픈 준비가 막바지에 이르고 다들 신경이 곤두서 있을 때 꼭 문제는 터지게 마련이다.

마케팅을 담당하는 N 대리가 울며불며 집에 갔다고 다른 직원을 통해 보고를 받았다. 현장인부들과 마찰이 있었던 모양이다. 나중에 알고 보니 현장 인부들이 '재수 없게 왜 여자가 와서 잔소리를 하느냐'라고 소리를 질러서 아연실색한 그녀가 달아나버린 것이다.

하지만 같은 날 영업 담당 B 대리는 다르게 접근했다. 공사 진척 상황이 자꾸 느려지니 막걸리랑 빵을 사서 현장 인부들에게 내려놓으며 수고하신다고 연방 굽신거리면서 오늘까지 끝내야 하는 공정을 부탁했던 것이다.

사실 하청을 준 인테리어 회사 소장에게만 확약 받아도 될 일이었다. 그러나 B 대리는 최선을 다해 일을 서두르고 싶었던 모양이다. 과연 어느 쪽이 자존감이 높은 사람일까? 회사는 어느 쪽 직원의 능력을 인정할까? 정답은 모두가 아는 대로이다. 이렇듯 자존감은 회사 생활에 직접적인 영향을 미친다. 스스로 자존감을 높이기 위한 노력은 그래서 절대 필요한 요소라 할 수 있다.

나 스스로에 대해 괜찮은 사람이라는 확신, 그 자존감을 위해 버려야 할 것들이 있다. 일단 가장 문제가 되는 것은 예민함이다. 모든 사람의 감정을 일일이 신경 쓰는 습관부터 버려야 한다. 매일 대부분의 시간을 회사에서 보내는 직장인들은 많은 사람들과 부딪친다. 그 엄청난 시간 중 저들은 나를 어떻게 생각할까에 대해 지나치게 집착하면 답이 없다. 사실 그들은 당신에 대해 별로 관심이 없다. 의식적으로 이 예민함을 다소 뭉툭하게 만드는 노력을 해나가야 한다. 남에게 집중할 시간에 나 스스로에 더 집중하는 노력이 필요하다.

또 하나. 열등감이나 미리 체념하는 습관도 버리려 노력해야 한다. 자존감이 낮은 사람들의 특징 중 하나는 '어차피 나는 안 돼', '나서지 말고 눈에 띄지 않으면 중간은 간다', '나대는 것처럼 보여 좋을 것 하나 없다' 같은 생각을 갖고 있다는 것이다. 그래서 회식 때도 구석자리를 찾고 시도 때도 없이 밖에 나가 담배를 피우거나 화장실을 전전한다. 그리고 그렇게 재미없는 회식을 왜 그렇게 자주하냐고 구시렁댄다.

회식뿐만 아니라 워크숍, 송년회의 팀별 장기자랑, 프로젝트 경연대회도 괴롭거나 바늘방석인 경우가 대부분이다. 스스로가 꽤 괜찮은 사람이라 이러저러한 일을 모두 시도해보고 잘해보고 싶다, 라는 마음이 없으니 회사에서도 별 재미가 없다. 대충 체념하고 열등감에 허우적댈 뿐이다.

그러나 이러한 열등감이나 무기력으로 인해 지레 체념하고 뒷걸음질 쳐서는 행복한 직장 생활이 영원히 어렵다. 아이라면 강제로라도 가르치거나 설득이 가능할 텐데 어른이자 직장인의 자존감은 스스로 애쓰고 노력해야 바로 세울 수 있지 않을까.

가만히 따지고 보면 누구나 자신이 가치 있는 사람임을 깨달을 수 있다. 회사에 입사해 지금까지 계속 다니고 있다는 자체가 일단 합격점이다. 인사고과도 좋지 않고, 회사에서 주목받지도 못하고, 상사에게 인정받지 못해도 괜찮다. 지난번 프로젝트가 나 때문에 실패했어도 상관없다. 그러한 실패 경험도 결국 나를 노련한 직원으로 만드는 밑거름이 되기 때문이다.

이렇듯 나의 가치를 스스로 인정하고 '나는 좋은 사람이다'라고 지금 이 순간 딱 정해서 스스로에게 선포해보면 기분이 달라질 것이다. 자존감은 나 스스로 지켜내야만 한다. 누가 대신 정해주거나 점수를 매기는 일이 아니라는 사실만 알아도 마음이 두 배는 편해진다. 그런 마음으로 좀 더 가볍게, 자유롭게 가슴을 펴고 살아도 괜찮다. 누가 보아도 당신 은 회사가 원하는 가장 멋진 사람이다.

잘 지내나요,
———— 마이 라이프
인 컴퍼니

"사적인 일이라는 거야. 회사가 왜 상관하느냐는 거지. 그게 어떻게 사적이고 개인적인 일이라고 주장할 수 있냐? 게다가 뭘 잘했다고 조목조목 따지는 건지. 그 미친 X가….."

그는 거의 이성을 잃었다. 회사에서 내리 20년 넘게 인사만 담당해온 선배 L은 산전수전 다 겪었을 만도 한데 평소 느물거리던 태도는 어디다 잃어버렸는지 화산이 폭발하듯 시뻘건 얼굴이 터져나갈 지경이다. L은 대학 동문 중에서도 꽤 잘나가는 사람이다. 그런데 이번에 일이 단단히 꼬인 듯하다. 평소 그답지 않게 횡설수설하는 내용을 대충 정리해보자면 이런 내용이다.

대기업에서는 투서가 그리 드물지 않다. 어느 날 L 앞으로 투서 한 장이 날아왔다. 투서라고 해서 액면 그대로 믿지는 않는다. 모함일 수도 있고, 별의별 일이 많으니 검증 과정을 당연히 거친다. 그러나 이 건은 좀 놀라울 수밖에 없었다.

L이 근무하는 회사는 국내 굴지의 대그룹이다. 전자 쪽에 있는 남자 직원과 L이 소속된 화학 쪽 여자 직원이 불륜 관계라는 투서였다. 투서를 보낸 사람은 남자 쪽 장모였다. 딸이 억울한 꼴을 당해 분하기도 하고 한방에 일을 해결해보려는 극약 처방을 쓴 셈이다. 이 대단한 장모는 불륜의 상대인 여자 쪽 인사팀에 투서를 함으로써 이 문제를 매듭지으려 했던 것이다.

흔치 않은 내용으로 투서를 받아든 L은 사실 여부를 밝히기 위해 조용히 해당 직원을 불렀다. 삼류 잡지의 한 대목을 보는 듯한 투서 내용을 확인하라고 내밀자 그녀는 미처 내용을 제대로 읽기도 전에 L을 똑바로 쏘아보며 한마디 던졌다.

"그래서요? 이게 회사랑 무슨 상관이죠?"

"거기 적힌 내용이 사실이야?"

"사실이든 아니든 그걸 제가 설명해야 하나요? 제 사생활인데요?"

그 이후의 내용은 L이 더욱 광분하는 바람에 진정시키느라 대충 들었지만 들으면서도 계속 의문이 들었다. 그 장모는 사위 쪽에도 투서를 넣었을까? 남자 쪽에서는 어떤 반응을 보였을까? L은 품위 유지 어쩌고 하는 명분으로 그녀에게 회사를 그만두라는 의도인 건가?

L은 회사 품위 유지에 문제가 되니 사직하라는 무언의 압력을 넣었다. 문제는 거기서 더욱 커지기 시작했다. 그녀는 부당 해고로 맞섰고 인사팀은 그녀의 태도에 당황해하며 괘씸죄까지 적용하기에 이르렀다.

회사도 난감한 입장이었다. 증명할 길 없는 투서 한 장이 전부라는 사실 때문이었다. 정작 당사자는 투서 내용에 대해 긍정도 부정도 하지 않은 채 '프라이버시'로 맞섰고 회사는 경찰이 아닌 바에야 수사에 나설 수도 없는 노릇. 결국 일을 크게 만든 L 입장이 제일 난처해진 셈이다.

프라이버시를 지키는 지혜

직장 생활을 하며 보호받아야 할 프라이버시는 어디까지일까? 원만하고 유쾌한 직장 생활을 위해 나의 프라이버시는 어디까지 자로 잰 듯금을 긋고 회사에 '침범하지 말 것'을 요구해야 하나. 세월에 따라 소위 주류 멤버가 바뀌면서 프라이버시에 대한 개념이 달라지고 있다.

개인의 사적 영역을 회사의 권위로 어설프게 찍어 누르려고 했다가는 예상치 못한 봉변을 당하기 십상이다. 도덕적인 상황 역시 개인차가 있기 마련이다. 그래서 어렵기는 하지만 짚고 넘어가야 할 숙제 또한 회사 내에서의 프라이버시 보호 방식이다.

먼저 상급자로서 부하직원에 대한 프라이버시를 존중하는 방법은 단순하다. 업무 이외의 일은 일절 참견하지 말 것을 기본 전제로 한다. 사람의 성향에 따라 소위 오지랖이 넓어도 너무 넓은 사람이 있다. 컴퓨터 앞에 앉아 자기 일에 열중하는 듯 보여도 실은 저쪽 동료가 무슨 통화를 하는지, 내용으로 유추할 때 부부 사이가 원만한지 등을 훤히 꿰고 있는 부류의 직원이 있기 마련이다.

직장 시절에 '오지랖 대마왕'쯤 되는 후배 직원이 있었다. 그의 오지랖은 나서서 뭔가 해결하는 오지랖이 아니라 내게 부하 직원들의 사생활 문제를 제공함으로써 본인의 정보력을 과시하는 타입이었다. 한마디로 '직장 상사가 무뎌서 이런 중요한 부하 직원들의 감정 기복을 눈치채지 못하다니 내가 전면에 나서야겠군' 뭐 이 정도라고나 할까.

사흘이 멀다 하고 내 사무실에 들어와 자못 심각한 표정으로 털어놓는 이야기는 다양하기도 했다. 'P는 전화기를 들고 사무실 밖으로 나가는 일이 너무 잦다. 아무래도 신변에 문제가 생긴 것 같다. 여자는 아닌 것 같고 사행성 취미에 빠진 듯하다. 아침마다 충혈 되어 있는 눈이 그걸 증명한다.' 'T는 똑같은 와이셔츠를 이틀씩 입고 다닌다. 와이프와 극도로 사이가 안 좋은 듯하다.' 'Y는 옷차림이 너무 화려해졌다. 씀씀이가 커졌다. 어디서 돈이 생기는 것도 아닐 텐데 이상하지 않은가?' 'R은 이상하게 칼퇴근이다. 예전에는 저렇지 않았는데 투잡을 뛰는지도 모르겠다. 아니면 이직을 적극적으로 고려하고 있을지도….'

본인이 셜록 홈즈로 빙의된 양 추리 소설과 수사 반장을 넘나들고 있는 것을 보노라면 '쟤를 어떻게 해야 하나'라는 걱정부터 앞섰다. 급기야 사내 연애가 1년 만에 밝혀진 W 커플을 미리 알아채지 못한 것에 그는 분통을 터뜨렸다. 자신의 레이더망에 걸리지 않은 것에 자존심이 무너졌다며.

물론 그 후배 덕에 직원들의 신상 문제에 관심을 갖고 혹시 업무에 영향을 주는 개인적인 일이 없는지를 지켜볼 수 있었으나 항상 마음에 걸리는 건 어디까지 아는 척을 해도 되냐는 문제였다. 경험에 의하면 가장 좋은 방법은 가능한 주의 깊게 부하 직원들의 사생활을 관찰하는 것은 맞다. 그러나 일에 부정적인 영향을 주지 않는다면 철저히 모른 척해야 하는 태도가 가장 좋다. 사실 사생활에 관심을 갖는 상사를 좋아하는 직원은 거의 없다.

그러나 업무에 부정적인 영향을 미칠 뿐 아니라 부하 직원의 인생에도 뭔가 플러스가 되지 않는다고 판단되는 일이 관찰되면 상사로서가 아닌 선배로서 접근하는 방법을 권하고 싶다. 또한 '상사가 아닌 선배로서 네 프라이버시에 관련한 문제에 대해 잠시 이야기하고 싶은데 괜찮을까?'라고 양해부터 구해야 한다.

예상 외로 'NO'라고 거절당하면 어쩔 수 없는 일이고, 'YES'라고 허락하는 순간 어느 정도 마음이 열려 있으니 도와줄 수 있는 문제이다. 어려운 문제를 함께 공유한다는 건 인간관계가 더 공고해진다는 장점도 있으니 일석이조라 할 수 있다.

부하 직원의 프라이버시 안쪽으로 들어서는 것은 이렇게 공식적인 절차를 밟아야 한다. 평소에 툭툭 무심하게 던지듯 사생활을 침해하는 이야기는 백해무익하다. 예를 들어 뜬금없이 '애인 생겼냐, 사이드잡 하고 있냐, 밤에 잠 안 자냐 왜 눈이 빨갛냐, 무슨 돈으로 명품을 휘감고 다니느냐, 요즘 부부 사이는 원만하냐, 지난 주말에 뭐 했냐(나는 주말에도 회사 나와 일한 거 알지?)' 등등의 이야기는 전혀 도움 되지 않는다.

부하 직원 역시 자신의 프라이버시에 대해 확고하게 이야기하는 편이 좋다. 누군가가 사생활에 과도하게 참견한다 싶으면 당당하게 거절해야 한다. 혹시 농담처럼 물어본 상사가 무안해 할까봐 끙끙 앓고 있을 필요도 없다. 이는 정신 건강에 해롭기만 하다. 예를 들어 '애인과는 잘 지내? 결혼은 언제할 거야?'라고 시도 때도 없이 묻는 상사가 있다면 정중하게 '제 사생활에 대해 디테일하게 이야기하고 싶지 않다'라고 표현해도 된다.

좀 더 고수라면 웃으며 거절하는 방법을 찾을 수 있다. 상사의 질문을 받고 그냥 빙긋 웃고 대답을 안 하거나, 웃으며 '대답 안 해도 되는 질문이죠?'라고 응수하는 것도 나쁘지 않다.

내가 침범당하고 싶지 않은 사적인 영역에 대해 '저의 프라이버시입니다'라는 표시를 정중하면서도 당당하게 표현하는 것이 중요하다. 나의 사생활은 남이 지켜주지 않는다. 내 구역을 침범당하고 힘들어하는 건 내 책임이다. 더불어 남의 사생활 침범을 친한 사이니 상관없다고 착각하는 그대여, 이제는 세상이 변했다. 트렌드에 맞춰 사느라 눈물겹게 노력하는 당신, 직장에서 위아래 프라이버시를 지키는 지혜로 더욱 세련된 직장인이 되기를….

오늘도
아득한 출근길에 ───
서서

'왜 주말에 쉬었는데도 계속 피곤하지?' 고개를 갸웃거리다 찌뿌둥한 몸을 쭉 펴본다. 만성피로에 시달리고, 자고 일어나도 개운치 않다는 생각을 자주 한다. 그런 직장인들이 많다. 대부분 제대로 쉬지 못해서 그렇다. 마치 주차된 자동차가 공회전을 계속하고 있는 형국이라고나 할까. 쉬는 시간은 머리를 완전히 비우고 그야말로 '쉬. 어. 야' 하는데 몸은 쉬고 마음과 머리는 쉬지 못하니 늘 피곤하다.

마음과 머리가 쉬지 못하는 이유는 '불안'이라는 복병 때문이다. 물론 업무 중에는 늘 긴장 속에서 예상되는 문제와 이미 터진 문제에 대한 해결 방법을 끝없이 고민해야 하니 불안은 일과 세트처럼 우리 곁에 존재한다. 그러나 불안은 일할 때만 존재해야 하는데 무를 자르듯 딱 분리되지 않는 것이 문제다. 불안을 처리하는 데 머리와 마음을 과도하게 사용하기 때문에 에너지가 고갈된다. 불안 때문에 마음과 뇌의 상당 부분을 소모하고 나머지만 가지고 일을 처리하니 그 일의 실적 역시 좋을리 없다.

어떻게 하면 이 불안을 잠재울 수 있을까? 회사에 대한 걱정으로 한밤중에 일어나 담배를 피우고, 불면에 뒤척이고, 냉장고를 뒤져 먹다 남은 소주를 꺼내 마신다고 불안이 줄어들지는 않는다. 불안이 계속되면 결국 탈모증, 공황장애, 직장인 우울증에 시달리기도 한다. 그래서 회사 생활을 행복하게, 성공적으로 하고 싶다면 불안을 없애는 것에 초점을 맞추어야 한다.

일단 과감히 쉴 수 있는 시간을 할애해보자. 시간이 없다고? 덜 힘들어서 그런 변명이 나온다. 정말 죽을 것 같으면 어쨌든 살고보자는 심정이 된다. 쉬거나 놀아본 적이 없어서 어색할 수도 있다. 맛있는 음식도 먹어본 사람이 즐기는 것처럼 쉬는 것도 쉬어본 사람이 요령을 더 잘 안다. 정 부담스러우면 내가 쉬는 시간은 높은 수익률을 위해 투자하는 것이라고 생각하면 정답이다.

자신이 좋아하는 일은 누구에게나 있다. 아무리 생각해도 취미가 없으면 재미있는 예능 프로그램을 아무 생각 없이 보며 웃는 것도 최고의 휴식이다. 소위 '멍 때리기'이다. 생각을 하지 않으면 불안하지 않다. 생각하지 않는 시간을 일부러 만들고 잘 놀면 된다. 쉬기 위해 비싼 돈 들여 비행기를 타고 동남아 해변가를 걷지 않아도 된다. 그저 방안에서 캔맥주에 오징어 다리를 씹으며 TV에 심취해 눈물 나도록 웃어젖히는 편이 훨씬 제대로 쉰 것이다.

그래서 어울려 일하는 것이다

"멍 때리기를 하든, 해변을 걷든 지금 당장 일이 급한데 어떻게 합니까? 그런 건 성공한 다음에 해도 늦지 않아요. 일단은 힘들더라도 열심히 해야죠."

이런 직장인들도 적지 않다. 그러나 그런 생각을 버리는 데서 성공은 시작된다. 불행한 사람은 절대 성공할 수 없다. 만약 일정한 성취를 이루었다 해도 그것은 모래성일 뿐이다. 일이 잘 풀리지 않고, 불안해서 견딜 수 없다면 일단 손에 쥐고 있던 것을 놓고 마음도 내려놓아야 한다.

단 두 시간 혼자 영화관에 앉아 있는 작은 행복감을 맛보는 것도 좋다. 손님이 그렇게 많지 않은 카페에 앉아 노트북으로 다운받은 영화를 즐겨도 된다. 게임을 해도 좋겠다. 조금이라도 행복한 일을 찾아야 한다. 행복이 내게 있어야 스트레스를 이길 수 있고 창의력도 생긴다. 행복한 다음에 성공이 있다는 말은 그 때문이다.

불안을 제거하는 또 다른 방법은 섬세하게 작은 목표를 세우는 것이다. 불안하다는 건 자신의 일에 확신이 없어서다. 스스로에게 성취감을 맛보게 하면 확신을 만들어낼 수 있다. 성취감을 맛보기 위해서는 너무 큰 목표는 좋지 않다. 자칫 더 크게 좌절할 수 있기 때문이다.

아주 작은 목표를 하루 단위로 세우는 방법을 추천한다. 예를 들어 늘 마음이 불안하고 자신감이 떨어져 의욕이 상실된 상태라고 치자. 그런 상태에서 벗어나기 위해 일일 계획과 목표를 잘게 썰어 만든다. 월화수목금토일, 매일의 계획. 얇고 잘 읽히는 책 한 권을 읽는다 해도 매일 읽어야 할 분량을 미리 쪼갠다. 운동도 마찬가지. 과도하게 욕심내지 말고 하루 30분이라는 계획에서 출발한다.

이 경우 명심해야 할 일은 플랜 B가 반드시 있어야 한다는 것이다. 운동할 계획을 세웠는데 만약 비가 올 경우 10층짜리 아파트 계단을 오른다는 식으로 대체할 필요가 있다. 독서도 마찬가지이다. 갑자기 회식 일정이 잡혀 그날 분량을 읽지 못할 수도 있다. 이 경우 다음날 두 배로 읽는다는 건 좋은 방법이 아니다. 일주일 중 하루 정도의 예외 상황을 예견하고 읽어야 하는 책 분량을 6일치로 나누는 것이 좋다. 하루가 빠져도 일주일 후 완독이 가능하도록 하는 조치이다.

지금 예를 든 것은 아주 간단한 계획이지만 모든 계획을 대입시키기에 좋은 공식이다. 이런 작은 성취들이 쌓일 때 점점 마음의 안정감이 커진다.

불안을 잠재우는 결정적인 요령은 일을 미루지 않는 데 있다. 일이 뒤로 밀리면 그 일이 완료될 때까지 쓸데없이 마음만 심란해지는 꼴이 된다. 마음은 마음대로 불편하고 일은 일대로 진행이 안 되는 이유를 가만히 살펴보면 그 일을 '잘하고 싶어서' 그런 경우가 많다. 잘하고 완벽하게 하고 싶은데 어떻게 해야 할지 자신이 없으니 질질 끄는 거다. 문제는 언제 해도 해야 할 일은 뒤로 미뤄봐야 득이 될 일이 없다는 점을 생각하고 일을 미루지 않는 습관이 몸에 붙어야 불안에서 자유로울 수 있다.

일을 미루지 않는 습관의 공식은 간단하다. 물론 실천하기는 만만치 않지만…. 일단 자신이 해내야 하는 일의 우선순위를 정한다. 중요하고 급한 것이 최우선이다. 우선순위를 정하면서 비슷한 일끼리 묶는다. 같이 묶어 시간적 효율이 날 만한 일을 모아 집중하는 것이 요령이다.

예를 들어 외근 스케줄이 있거나 타 부서 업무 협의가 예정되었다고 하자. 밖에서 해야 할 일, 타 부서를 만났을 때 확인하고 체크해야 할 일을 한 번에 끝낼 수 있도록 묶어 체크리스트를 만들어 본다. 기본으로 여길지 모르지만 실제 효율적으로 일을 묶는 습관에 익숙한 사람이 많지 않다. 외근을 다녀와서도 빠트린 일 때문에 수시로 들락거리거나 이미 업무 미팅이 끝난 팀원에게 미처 체크하지 못한 일로 전화를 거는 것은 일 못하는 사람들의 전형적인 업무 스타일이다.

또한 미뤄지는 일을 점점 줄이려면 매일 단위로 목표와 계획을 세워야 한다. 그에 맞춰 하루의 스케줄을 짠다. 디테일하게 기록하고 시간을 제대로 사용했는지를 체크해본다. 이러한 과정은 나를 불안감 없는 사람으로 만들어가는 과정이 된다. 물론 한 번에 되지는 않을 것이다. 하지만 작은 것부터 매일 시도하여 습관으로 이어진다면 점점 불안감은 사라지고 자신감이 커지는 자신을 발견하게 될 것이다.

회사는 힘들고 때때로 그만두고 싶은데 그럴 수는 없어 고민하는 것이 직장인이다. 출근길도 매일 아득하다. 잘하고 싶은데 확신이 없어 불안하다. 쉬어도 보고, 작은 목표로 성취감에도 도전하고, 일을 미루지 않는 습관을 들여 봐도 여전히 불안할 때는 과감히 내려놓을 건 내려놓자. 그래야 숨을 쉴 수 있고 자유로워진다.

결국 더 얻고 싶은 것을 위해 기꺼이 포기하는 각자의 리스트가 있어야 불안하지 않은 법이다. 누구에게는 남보다 빠른 승진, 또 누군가에겐 가족과의 따뜻한 저녁식사…. 행복한 직장 생활을 위해서 원하는 것도, 내려놓는 것도 모두 다르다. 그래서 어울려서 일하는 것이 아닐까. 쿨하게 서로의 어깨를 두드려보자.

두렵지만
잘하고 싶은 ————
그대에게

H 선배는 한숨을 쉬는 버릇이 있다. 일단 의자에 앉으면 땅이 꺼져라 한숨부터 쉬고 뭐든 시작한다. 왜 그렇게 한숨을 자주 쉬냐고 물어보면 '답답한 일이 많아서 그렇다 왜?'라고 내뱉는다. 그 사람만 답답한 일이 많을까? P 과장은 말끝마다 '망했어'를 달고 산다. 점심 메뉴가 입맛에 맞지 않아도, 새로 생긴 커피전문점에서 처음 커피를 마실 때도, 심지어 메모하던 볼펜이 잘 나오지 않아도 '망했어'라고 한다. 또 있다. K 대리는 아주 작은 일도 크게 부풀리는 데 놀라운 재주가 있다. 일단 보고하면서 '큰일 났습니다'로 시작한다. 그리고 '큰일이네'라며 종종 걸음으

로 늘 인상을 쓰고 다닌다.

회사에는 이런 습관을 가진 사람들이 많다. 낙천적이고 늘 웃고 다니는 사람은 거의 없다. 이유는 뭘까? 사람들은 회사에서 낙천적인 태도를 보이면 긴장감이 떨어지거나 위기의식이 없는 사람으로 보일 수 있다고 스스로 경계한다. 그래서 일단 인상을 써가며 잠재적인 리스크부터 들추어내는 것이 습관이 된다. 그러나 과연 부정적인 면을 먼저 보는 것이 긴장감 있고 유능하게 일하는 걸까?

왜 사람들은 근심 걱정에 쉽게 사로잡히고, 부정적인 말버릇이 습관이 되며, 또한 실패한 경험이 더 오래 기억에 남는 걸까? 미국의 사회심리학자 앨리슨 리저우드는 연구를 통해 우리 뇌는 부정적인 것에 쉽게 사로잡히는 특성이 있기 때문이라고 밝혔다. 그래서 나쁜 일은 쉽게 떨쳐버리기가 어렵다. 기분이 좋았다가도 사소한 일에 감정이 상하는 경우는 많은데 기분이 나쁜 상황에서 갑자기 기분이 좋아지는 일이 드문 것은 이러한 이유 때문이라고 한다. 그렇다면 어떻게 긍정적인 생각의 에너지를 흐르게 할 수 있을까? UC 데이비스 대학의 연구에 의하면 매일 짧은 시간을 내어 감사한 일을 적는 것만으로도 뇌, 마음, 신체에 긍정적인 영향을 미친다고 한다.

매일 감사 리스트를 쓰기로 작정한 사람은 감사할 일이 많아진다. 평소 무심코 지냈던 일까지 얼마나 감사한 일인지 종이에 적어나가며 알게 된다. 게다가 자연스레 부정적인 마음이 긍정적으로 바뀌기도 한다. 예를 들어 회사 안의 사소한 일을 생각해보자.

너나 할 것 없이 직장 상사 때문에 마음이 상하는 경우가 종종 있다. 평소 같으면 '내가 저 인간 때문에 회사를 그만두던지 해야지. 왜 나만 미워하는 거야?!'라고 생각한다. 이것을 강제적으로라도 긍정적으로 바꾸기로 마음먹는다. 어떻게? 바로 이렇게! '무슨 일이 있나. 왜 또 히스테리컬 하지? 저 사람이 기분 좋아야 팀원 모두에게 좋은 에너지가 갈 텐데. 일단 내가 그렇게 한번 만들어봐?!'라고 결심하며 커피 한 잔을 팀장 책상 위에 올려둔다. 당신의 긍정적인 생각 때문에 팀 전체 에너지가 달라짐을 경험할 수 있다.

성공 일기나 미래 일기도 마찬가지이다. 내가 이루고 싶은 꿈, 내가 만나고 싶은 미래를 마치 이미 이룬 것처럼 일기를 쓰는 방식이다. 이 일기의 특징은 내가 원하는 꿈에 대해 매일 생각할 수 있다는 점이다. 매일 생각하고 간절히 원하면 그 일을 이루기 위한 여러 가지 노력들이 끊임없이 경주된다. 일기를 쓰지 않고 막연히 꿈만 꾸거나 그 꿈을 이따금 한번 떠올리는 사람과 매일 그 꿈을 꾸는 사람의 미래가 어떻게 같을 수 있겠는가.

행복이란 생각하는 대로 결정된다

위대한 철학자 마르쿠스 아우렐리우스는 '인생은 우리의 생각대로 만들어진다'라고 말했다. 생각하는 모든 것 그것이 바로 그 사람이라는 이 야기이다. 그렇다면 우리의 과제는 어떤 선택을 어떻게 할 것인가로 정리된다. 행복하다고 생각하면 행복해진다. 실패를 생각하면 백발백중 실패한다. 머리와 마음으로 계속 실패할 거다, 라고 걱정하면서 보란 듯이 성공하는 경우는 거의 없다.

아직 오지도 않은 미래의 일을 절망하고 두려움에 빠져 있으면 그 두려움이 곧 자기 것이 된다. 잊지 말자. 내가 생각하는 방법이 나의 행복을 결정한다. 더 욕심을 내자면 내 생각으로 회사 동료들의 행복까지도 좌지우지 할 수 있다.

회사 생활은 길고양이처럼 빠르게 지나간다. 왜 그렇게 느껴지는지 퇴직 후 곰곰 생각해봤더니 마음의 여유가 없어 이것저것 느낄 틈이 없어서였나 싶다. 항상 발밑을 내려다보며 당장 닥친 일을 수습하고 해내느라 정신이 없었다. 그러나 지나고 보면 그렇게 허둥댈 일도 아니고 힘들어하지 않아도 괜찮은데 그때는 왜 그랬나 싶어 후회가 된다.

어떻게 하면 회사 생활을 긍정적으로 잘 해낼 수 있을까? 정말 생각한 대로 말하는 대로 회사 생활이 이루어진다면 전력으로 노력해볼 만한 가치가 있을 것이다. 잘하기 위한 '생각'과 '말'은 몇 가지로 정리해볼 수 있다.

첫째, 내 컨트롤 밖으로 벗어나는 일에 대해 자유로워져야한다. 직장 생활을 한다는 건 여러 사람과 끊임없이 부딪치는 일이다. 내가 컨트롤할 수 있는 일에 대해서는 당연히 최선을 다해야겠지만 할 수 없는 일 때문에 괴로워하는 내 '생각'은 그야말로 낭비이다. '그건 나로서도 어쩔 수 없는 일이군'이라 생각하며 가볍게 털어버리는 습관은 정신 건강을 위해 바람직하다.

둘째, 남의 말이나 평가에 지나치게 신경 쓰지 않는 것이 좋다. 다들 각자의 인생이다. 남이 그렇게 시간과 공을 들여 나에 대해 고민하고 분석해서 내게 말하지 않는다. 그런 지나가는 남의 말이나 평가로 나 자신을 힘들게 할 필요 없다. 들었을 때 내게 도움이 될 말이나 평가만 겸허히 받고 나머지는 쓰레기통에 휙 버리는 쿨한 마음이면 된다.

셋째, 남이 가진 것 때문에 힘들어하거나 불행해하지 않는다. 사람들은 자신만의 탤런트를 지니고 있다. 누구는 기획력이 뛰어나고, 누구는 언변이, 누구는 아이디어가 반짝이는 것처럼 다양한 사람들이 여러 재주를 가지고 모여 같은 목적을 이루는 곳이 회사이다. 내가 가진 것에 대해 고마워할 일이지 내게 없는데 남이 가진 것 때문에 불행하고 속상할 일은 아니다. 그래 봐야 나만 손해다.

마지막으로 인생과 직장은 긴 호흡으로 봐야 한다. 하루 이틀 사는 것도 아니고 오늘 내일만 직장 생활 하는 것도 아니다. 매일 출근하며 어떤 날은 보람 있게, 또 어떤 날은 겨우겨우 그러다 가끔은 당장이라도 사표를 써서 던지고 싶은 날도 있기 마련이다.

그러나 직장에서 실패 역시 인생의 과정일 뿐이다. 성공보다 오히려 더 큰 경험이라 생각하면 틀리지 않는다. 지금 당장 승진에 누락되거나 프로젝트가 엉망이 되거나 하더라도 '아, 또 하나 배웠구나'라고 생각하면 그만이다. 처음부터 잘하는 사람은 없다. 잘못하면서, 빙 돌아가면서 결국 한 발짝씩 내가 원하는 목표에 다가간다고 생각하며 호흡을 길게 해야 건강한 직장인으로 버틸 수 있다.

한참 시간이 지난 후 지난 일을 돌이켜보면 '그때는 도대체 왜 그랬을까?'라고 후회할 때가 있다. 젊은 혈기로 무모하거나 한때는 비겁하게 눈앞의 잘못된 일을 합리화하기에 급급하기도 하고, 또 어느 때는 무력하고 나태한 시절도 있다. 시간이 지나서야 그때는 이랬어야 하는데, 저 때는 저랬어야 하는데 하며 후회와 탄식뿐이지만 그때만 해도 그것이 최선이라 생각했을 것이다. 우리는 대부분 한참 세월이 흐른 뒤에야 바른 길이 저쪽이었음을 깨닫는다.

내 생각과 말이 미래를 향한 길에 방향을 바꾸는 비밀임을 그때 알았다면 과연 얼마나 더 좋은 직장 생활을 할 수 있었을까, 라는 생각을 가끔 한다. 그리고 불현듯 지금도 늦지 않았다고 무릎을 탁 치며 깨닫는다. 오늘도 내가 '생각'을 제대로 하고 있는지를 곱씹는 이유는 두렵지만 잘하고 싶은 일이 아직 많기 때문이다.

결국
당신이 ——————
이긴다

어느 날 '내가 행복한 순간'이라는 제목으로 직원들을 상대로 강의를 했던 적이 있다. 월례회 때 딱딱하고 의례적인 내용을 과감히 삭제하고 나름 색다른 콘텐츠를 시도해본 것이다. 직원들은 짧은 시간 동안 갖가지 행복한 순간에 대해 의견을 내놓았다. 여행을 가서 찍은 사진들, 펑펑 울게 만들었던 음악, 영화, 그리고 가족과의 외식 등이 주를 이루었다.

다음 달에는 '나의 버킷리스트'를 발표하는 시간을 가졌다. 진부하지 않았다. 재기발랄한 인생의 버킷리스트가 줄지어 나왔다. 독립영화를 만들어보고 싶다는 직원부터 마흔 전에 전업주부가 되고 싶다는 남자 사원까지 일견 동감하는 리스트와 폭소를 부르는 발표로 유쾌한 시간이었다. 그러나 직원들의 발표를 들으며 내가 충격을 받은 건 행복과 버킷리스트 어디에도 회사와 엮인 내용이 없다는 점이었다.

"왜 회사에서는 행복을 찾을 엄두를 내지 않는 걸까?"

퇴근 후 선배들과 함께한 저녁 식사 자리에서 말을 꺼내니 다들 회사에서 찾을 행복이 뭐가 있냐, 라고 반문한다. 하기야 나조차 회사보다는 개인적으로 '행복의 고리'가 많은 것이 사실이니까. 그러나 사실 행복의 요소는 회사에서 찾지 않으면 안 된다. 이유는 두 가지이다.

첫째, 회사에서 보내는 시간이 인생을 통틀어 가장 비중이 크기 때문이다. 비영리재단 일생활균형재단 산하 WLB 연구소가 2017년 직장인 1,007명의 근로 시간을 토대로 일과 삶의 비율을 계산한 결과 83 대 17로 나타났다. 평생을 통해 일이 인생의 80퍼센트 이상을 차지한다니 무섭기까지 한 결과였다.

다른 하나는 성공의 주요 원인이 행복이기 때문에 그렇다. 일로 성공하고 싶다는 소망은 직장인이라면 누구나 가지고 있는 꿈이다. 그렇다면 어떻게 행복한 직장 생활을 하면서 결국에는 성공할 수 있을까. 주변에서 흔히 행복한 가정, 사회를 이야기하면서도 직장이라는 단어 앞에는 '행복한'이라는 형용사를 어색하게 생각한다. 그만큼 직장은 무미건조하고 식구들의 생계를 책임지는 도구 정도로만 여기기 때문이다. 먹고 살기 위해 어쩔 수 없이 다니는 곳이라 정의를 내려 보면 왠지 눈물이 나올 지경이다. 그러나 인생 전체를 놓고 행복한 내가 되기 위해서 직장에서의 유쾌하고 행복한 삶은 절대적으로 중요하다.

오늘도 행복한 출근길을 꿈꾸며

'행복하지 않아서'라는 이유로 회사를 그만둔 후배가 있다. 자기 삶을 자기가 주도하고 싶은데 회사에서는 그게 어렵다는 부가적인 이유를 달았다. 그런 그가 다시 찾은 직장은 원두를 수입해 커피 전문점에 납품하며 아카데미를 운영하는 영세업체였다. 회사 대표는 전 세계 오지를 돌아다니며 고생하는 데 비해 타산이 맞지 않는 원두를 수입하는 고집 센 장인이라니 고생문에 들어선 거다. 그러나 후배는 고생은커녕 충분히 만족하고 행복하다고 했다. 직장을 다니며 쉬는 날도 회사가 궁금해 오후에는 못 참고 나가보는 경험은 처음이라며 배시시 웃는다.

행복하지 않아서 회사를 그만둔 후배의 후임으로 경력 사원을 뽑았다. 면접 때 회사 지원 동기를 묻는 질문에 그는 '땀을 흘린 만큼 결과가 나오는 회사라는 확신이 들어서'라고 대답했다. 전 직장에서 사람에 치여 마음고생이 심했다고 했던가. 아무튼 그 경력 사원은 입사하자마자 이 무슨 낙원인가라는 표정과 눈빛으로 미친 듯이 일했다. 콧노래가 절로 나온다는 표정이었다. 용기를 내어 옮긴 직장에서 그야말로 행복을 맛보는 중인 듯했다.

이렇게 행복을 느끼는 건 사람마다 다르다. 그래서 남의 행복을 흉내 내어보는 건 의미가 없다. 남과 비교 대상도 아니고 남이 인정한다고 실질적인 행복이 덥석 오는 것도 아니다. 결국 하루 종일 시간을 보내야 하는 일터에서 행복하기 위해서는 자기만의 행복에 대한 정의를 내릴 줄 알아야 한다. 그때부터 행복은 시작되고 결국 이길 수 있다.

상사는 부하 직원을 평가할 때 전체 조직을 생각한다. 전체적으로 유능한 직원도 중요하지만 조직에 활력을 주는 사람, 조용히 자신의 일에 성실한 사람, 업무 이외에 경조사를 잘 챙기거나 회식 자리에 능력을 발휘하는 사람…. 조직이 요구하는 인재상은 이렇게 다양하다. 그 점을 파악하여 이러저러한 팀원들을 적재적소에 배치하는 것이 리더의 능력이라 할 수 있다. 그러나 부하 직원의 입장에서는 전체 그림을 보기 어렵다. 그래서 곧잘 조직 내에서 자신의 영향력을 오해하기도 한다.

직원 중에 성실하지만 매우 내성적인 M 대리가 있었다. 회계 쪽 업무를 맡아 꼼꼼하고 성실하게 일했다. 그런 친구가 하루는 상사의 생일날 깜짝 파티를 기획했다. 상사에게는 의논할 일이 있다고 얘기해두고 직원들에게는 팀장의 생일 파티를 할 테니 퇴근 후 어디로 모이라고 분주하게 전하고 다녔다.

식당을 미리 예약하고 케이크를 사비로 털어 준비하고는 꽃까지 주문했다. 만반의 준비를 마치고 팀장을 먼저 만나 이런저런 이야기를 하며 다른 직원들이 모이기를 기다렸는데, 아뿔싸, 그의 절친 동료 두 명 이외에는 아무도 식당에 나타나지 않은 것이었다.

"충격적이었어요. 어떻게 그럴 수 있을까 처음에는 놀랍다가 저는 도저히 리더십이 없는 걸까 스스로에게 실망했어요. 이런 제가 비전이 있는 걸까요?"

이야기를 듣고 있노라니 저러다 울음보라도 터질 듯하여 아슬아슬한 판이었다. M 대리를 더욱 좌절시킨 건 그 다음날이었다. 아침 출근 전 회의실에서 분주히 직원들이 왔다 갔다 하더니 팀장의 깜짝 생일 파티가 준비된 거다. 정말 완벽한 파티였고 팀장은 쑥스러워하면서도 감격해했다. 주도자는 J 과장. 평소 놀기 좋아하고 사람들을 사로잡는 능력이 있는 줄은 알았으나 M 대리는 마치 얼굴에 찬물을 뒤집어쓴 듯 참담했다.

M과 J에게는 각자의 탤런트가 있다. M은 본인의 재능보다 J의 재능을 부러워한 거다. M 대리는 누구보다 정확하고 유능하다. 회계 분야에 한해 그렇다. 그것이 독보적인 그의 장점이다. 그러나 그는 동료가 이벤트

를 기획하고 상사가 즐거워하는 데 위기감을 느꼈을지도 모른다. '저런 직원을 상사들은 좋아하는구나.' 이런 오해는 대부분 직장인들이 자주 하는 사례이다.

그러나 반드시 기억해야 할 것은 나는 조직 내에서 내가 잘할 수 있는 일을 성실히 해나간다면 그것만으로 좋은 일이고 충분하다, 라는 사실을 깨닫고 자신감을 잃지 않는 것이다. 그래야 직장이 행복할 수 있다. 그런 마음으로 살아야 한다. 재미있고 즐겁게 나다운 일을 하면 다음 과정도 또 자신 있게 할 수 있지만 내게 맞지 않은 일인데 단순히 그게 더 좋아 보여 억지로 흉내만 내면 악순환이 될 수밖에 없다.

헤르만 헤세는 '행복은 '무엇'이 아니라 '어떻게'의 문제이다. 행복은 '대상'이 아니라 '재능'이다'라고 했다. 직장에서 일하며 행복하기 위해서는 무슨 일을 하느냐가 아니라 어떻게 해나갈 것인가를 고민해야 한다. 어떻게 하면 내가 잘하는 일을 즐겁게 해나갈까에 대한 탐구는 행복한 출근길에 이어 성공하는 직장 생활을 보장하는 열쇠이다.

나의
슬기로운 ——————
직장생활

중견 패션 업체인 L 그룹에 대표이사가 새로 왔다. 부회장이 1년을 공들여 삼고초려한 끝에 모셔온 인재라고 한다. 벌써부터 새로 온 대표 앞에 줄서기에 마음이 급한 임원들, 그 밑에 간부들이 부산스럽게 움직인다. J 그룹에서 부사장이었다가 사장으로 직급을 높여 이직했으니 아마 그는 여기가 마지막 직장이 될 것이다. 사장으로 얼마나 근무할 수 있는지가 그의 성공 여부이리라.

수장이 바뀌면 기업은 많은 것을 바꾼다. 매출과 영업이 전부라는 대표가 있는가 하면 내부 경영 관리에 목숨을 거는 대표도 있다. 누구냐에 따라 편중되는 방향이 제각기 다르다. 수장의 취향에 따라 지향하는 바가 다르지만 공통적인 것이 하나 있다. 바로 단기성과에 집중한다는 점이다.

대표이사에게는 그리 많은 시간적인 기회가 주어지지 않는다. 1년 단위로 평가받아야 한다. 그래서 마음이 급하다. 멀리 회사의 장래보다 당장 눈에 보이는 성과에 매달릴 수밖에 없다. 그러다 보니 임원들은 대표이사의 취향에 기를 쓰고 맞추려고 애쓴다. 임원들 밑에 부장들도 담당 임원의 마음을 잘도 알아 척척 알아서 움직인다. 다시 아래 부하 직원들도 그런 마음으로 움직여주기를 기대한다.

그러나 회사를 향한 직원들의 라이프사이클은 직급에 따라 많은 차이가 있다. 회사에서 10년 이상 버텨야 하는 앞길이 창창한 직원들이 훨씬 많다. 그래서 슬기로운 직장 생활에는 다름 아닌 '소신'이 필요하다. 당장 이 달 매출을 위해 대표이사는 제살 깎아먹기 식 프로모션을 걸자고 해도 3년 이상을 내다보고 황소걸음을 걷듯 원론적인 고객 서비스를 주장할 줄 알아야 하는 것이 소신이다. 그런 소신은 회사를 내 미래와 밀접하게 연관 짓지 않고서는 내보일 수 없는 패이다. 즉 회사와 나를 함께하는 운명이라 생각해야 가능하다. 소신은 회사도 내 미래에 포함되어 있다는 애정뿐 아니라 자존감과도 직결된다.

"내일부터 7시에 출근해"

직장 후배인 성주. 회사에서 야망의 여신이라 불렸다. 일 욕심이 많고 물론 잘하기도 했다. 사내 정치에도 크게 열등생은 아니었다. 그러나 대세라는 M 전무가 주도하는 와인 동호회는 들지 않았다. 와인을 좋아하지만 굳이 공부해가며 깊숙이 알 필요를 못 느낀 것이다. 한 병에 1만 원 언저리의 와인이면 그저 과분하고 족했다. 귀하고 비싼 와인은 맛도 잘 모르고 알고 싶지도 않았던 것이다. 일 잘하고 똑똑한 성주에게 M 전무는 직접 동호회에 들라고 제안했다.

"전무님 가까운 데서 자주 말씀을 듣고 싶기는 한데, 와인 동호회는 관심이 없어서요. 저는 마라톤 동호회에 들까 해요. 막 뛰어다니고서 막걸리 마시는 것, 저한테 그게 더 맞거든요. 호호호."

M 전무는 '요것 봐라' 하는 생각에 살짝 의아했다고 귀띔했다. 자신이 얘기만 하면 영광이라는 듯한 표정으로 대번에 동호회에 가입하는 직원이 대부분이었다. 그러고 보니 상사의 제안에 주저 없이 가입하는 직원이 바로 나였었다. 예전에 직장 상사의 등산 사랑에 산을 그렇게 싫어하면서도 주말마다 온갖 장비를 갖춰 입고 쫓아다녔다. 마치 이게 출세의 길인 양 허둥댄 예전의 내 모습이 생각나 한참을 웃었다. 성주 파이팅을 속으로 외치면서….

그런 소신과 자존감, 그리고 회사를 향한 애정이 있어야 내가 감탄하는 회사 생활을 해갈 수 있다. 남들의 직장 생활 성공 스토리를 열심히 읽어봐야 거기서 끝나면 아무 소용없다. 내 직장 생활에 감탄해야 실속이 있는 거다. 내 직장 생활에 감탄하며 지내기 위해서는 내가 언젠가 이루고 싶은 꿈을 현재 이 회사에서 실습 중이라고 생각하는 것도 좋은 방법이다. 그 실습에 약간 버거운 목표를 세우고 성의껏 생활하는 자체가 경쟁력이다.

이렇게 집중하다보면 일에 애정이 생긴다. 일이 좋아지면 잘하게 되고 그러다보면 더 잘하고 싶고, 밤낮없이 일해도 그다지 지루하거나 피곤하지 않게 된다. 말 그대로 선순환이고, 이 사이클을 만드는 것도 결국 자신이다.

이렇게 소신과 애정을 가지면 이제 슬기로운 직장 생활의 모든 조건이 갖추어지는 걸까? 그렇지 않다. 아직 갈 길이 멀다. 회사 월급에는 무엇이 포함되어 있을까? 내가 출근해서 퇴근할 때까지 일한 노동의 대가뿐일까? 회사에서 받는 각종 스트레스, 워크숍 시간 이외에는 써먹을 일이 거의 없는 열정, 혁신, 창의력 따위의 구호까지 포함한다. 그뿐인가? 시도 때도 없이 단합을 위해서라는 이름으로 행해지는 회식, 때때로 업무와는 전혀 상관없는 상사의 개인 심부름 및 동료들과 소모적인 감정싸움까지 월급에 포함되는 것은 의외로 많다.

여기서 다시 짚고 넘어가야 할 슬기로운 직장 생활을 위한 또 하나의 조건, 바로 인내심. 그렇다. 회사는 이익 단체고 우리는 거기서 월급을 받는다. 그뿐 아니라 사회적 지위, 복리후생, 자존감, 프라이드, 소속감, 동료라는 울타리 등…. 돈 외에 혜택이 따지고 보면 무궁무진하지만 우리는 힘겹다는 이유로 자주 이런 선물을 잊고 지낸다. 그러나 받은 걸 제대로 계산할 줄 알아야 진정한 프로다.

20대 후반 직장 생활 당시 첫 번째 슬럼프가 온 적이 있다. 일단 회사에 가기가 싫고 사람들과 부딪칠 때마다 거슬리고 무엇보다 사무실 공기가 참을 수 없는 지경에 이르렀다. 시간이 많이 지나 딱히 그때 무엇이 원인이었는지는 잘 생각나지 않지만 아무튼 회사가 숨이 막힐 것처럼 싫은 느낌이었다. 견디다 못해 한 선배에게 징징대며 하소연을 했더니 그 선배의 한마디. "내일부터 일곱 시에 출근해." (당시 출근 시간은 아홉 시였다) "왜 그렇게 일찍 나와요?" "잔말 말고 새벽에 나와서 청소하고 남들 출근하기 전에 대충 오전 일을 끝내."

오래 전 이야기이지만 그 선배의 목소리까지 생생히 기억난다. 순진한 나는 정말 다음날 일곱 시에 출근했다. 창문을 다 열고 팀장부터 시작해 전 팀원의 책상을 깨끗하게 닦았다. 그리고 커피 한잔을 타 마시며 오전에 해야 할 일을 직원들이 출근하기 전에 부지런을 떨며 해냈다. 매일매일 빠짐없이 그렇게 해나가자 놀라운 일이 벌어졌다. 회사가 어느새인가 힘들지 않은 거다. 심지어 재미있기까지 했다! 내가 꽤 괜찮게 일하는 사람이고 유능한 사람이라는 느낌까지 들다보니 점점 심리적인 안정감이 온 듯했다.

이후 나는 후배들에게 이런 방법을 자주 전했다. 문제는 세대가 달라지며 받아들이는 방식도 다르기 때문에 똑같이 약발을 받는 건 아니었지만 세 번 중 두 번은 효과가 있었다. 누구에게나 늘 직장 생활이 좋을 수는 없다. 그렇다고 늘 괴로운 것도 아니다. 괴로울 때는 그 시기를 지혜롭게 벗어날 방법과 인내심이 필요하다.

어느 날 문득 '나는 지금 잘 살고 있는 거야?'라며 스스로에게 물어볼 때가 있다. 외롭거나 실패했거나 열등감 또는 자괴감에 시달릴 때이다. 누가 시키지 않아도 그런 질문을 하는 나를 발견하게 된다. 주로 회사에서 '잘 살고 있다'를 결정하는 요인은 오직 '나'이다. 회사의 레벨과 동료들의 성향 자체는 사실 큰 영향을 끼치지 않는다. 나의 소신과 애정, 거기에 프로다운 인내심이 벽돌을 쌓아 튼튼한 집을 짓듯 마음의 집에 좋은 재목을 사용해야 한다. 그리고 제대로 미치기! 시인만 문학에 미치는 것은 아니다. 직장인은 직장에 미쳐야 한다. 그것도 제대로. 이것이야말로 슬기로운 직장 생활의 화룡점정이다.

Chapter 2

회사 인간,
회사 언어

이상한
—————— 회사의
앨리스

'너 바보지?' 얼굴에 딱 그렇게 쓰여 있다. 팔짱을 낀 채 5분에 한 번씩 시계를 쳐다보고, 스마트폰을 만지작거리는 그는 회의 시간에 남들을 불편하게 하는 대표 인물이다. 중요한 사안에 대해 갑론을박이 계속되고 겨우 의견이 모아져 가는 순간에 어김없이 그의 발언이 시작된다. 거의 트레이드마크가 되다시피 한 (모든 이들을 바보 취급하는) 얼굴 표정이 거의 극에 달했다. 그리고는 40분 넘게 회의해서 모아진 의견을 한 방에 흩어놓는다.

일단 개념부터 틀렸다고 한다. 접근 방법도 잘못되었다고 한다. 그래서 진행 순서나 해결 방식도 다시 정확하게 풀어놓는 유능한 Y 상무. S대를 수석으로 졸업하고 뉴욕으로 건너가 석박사 학위를 받은 그를 회사는 커리어에 어울리는 연봉을 주고 스카우트했다. 과연 연봉이 아깝지 않게 그는 스마트하다. 무엇보다 핵심을 안다. 그리고 가장 최적화된 솔루션을 잘도 그려낸다.

지금까지 끝장 토론 비슷하게 열을 올리던 회의 참가자들의 얼굴이 일그러지기 시작한다. 일목요연하게 그들을 바보로 만들고 자신의 유능함을 빛내며 발언을 마무리 지으면 그 후에 오는 싸늘한 침묵. 반박이 없었던 것도 아니다. 그의 이런 행태가 하루 이틀이 아니건만 반박을 하면 감정싸움으로 번지고 본전도 못 찾는다는 것을 아는 사람들은 못마땅한 표정으로 어서 회의가 끝나길 바랄 뿐이다. 나가서 그를 안주삼아 씹어대야 하니까.

그런 그가 1년도 못 채우고 회사를 떠난 이유는 모두들 그의 프로젝트에 협조하지 않아 완전히 고립시켰기 때문이다. 아무리 똑똑한들 혼자 프로젝트를 진행하지는 못한다. 그래서 나에게 힘을 보태줄 조직이 필요하다. 그 조직과 함께 성과를 내는 것이 진정한 실력이다. 그러나 쉬운 일은 아니다.

원래 회사는 이상하다

최근 공감과 소통이 큰 화두로 떠오른 현상도 그것이 갖는 파워가 점점 더 부각되기 때문이다. 기업도 인재를 키우는 교육 과목에 '소통할 수 있는 리더 만들기'를 핵심으로 삼고 있다. 큰 조직이나 작은 조직이나 다르지 않다. 어떻게 하면 가장 효율적으로 조직을 움직이느냐에 기업의 성패가 달려 있다 해도 과언이 아니다. 그렇다면 시너지를 제대로 낼 수 있는 소통 방법은 무엇일까.

조직의 일원으로 일하며 그 안에서 성과를 내기 위해서는 무엇보다 긍정적인 관계 에너지를 유지하는 능력이 요구된다. 마치 건물을 지을 때 기초 골격이 튼튼해야 하는 것처럼, 때로는 음식을 만들 때 기본 육수가 '깊은 맛'을 내는 이치와 마찬가지이다. 어차피 사람 사는 세상인데 회사에서도 기본적으로 '긍정적인 에너지'가 돌아야 한다.

이것을 다른 말로 풀이하자면 회사 내 인간관계에 있어 '대부분의 조직원들과 서로 호의를 유지하는 것'으로 설명할 수 있다. 사실 갑자기 작정하고 되는 일은 아니다. 평소에 진심으로 그들과의 관계를 성의껏 만들어내는 사전 작업이 필요하다.

소통의 능력을 대표할 수 있는 사례는 직장에서 수시로 열리는 크고 작은 회의를 들 수 있다. 회의의 구체적인 방법을 통해 소통의 의미와 역할을 좀 더 깊게 생각해보자. 일단 타 팀과의 의견 차이와 팀 이해관계가 얽혔을 때 평소의 긍정적인 관계는 회의를 통해 합의해야 하는 상황에서 상당한 도움이 된다.

회의는 시작했을 때 첫 대화의 느낌이 중요하다. 나는 당신의 입장을 우선적으로 생각하고 있습니다, 라는 뉘앙스를 전달하면서 시작하는 회의는 일단 실패할 확률을 현저히 줄이는 요령이다.

또한 주제에서 벗어나는 내용은 대충 무시해도 된다. 말꼬리를 붙잡거나 별반 중요하지 않은 주제를 물고 늘어질 경우 정작 핵심적인 협의 자체가 부정적인 에너지에 휩싸이게 된다. 회의 중간에 상대방의 말을 인정하는 추임새도 중요하다. 서로 의견이 대립되는 사안을 토론할 경우에도 상대의 말에 한 번 부정적인 리액션을 했으면, 세 번 정도 긍정적인 리액션을 보여야 한다. 이럴 경우 상대방이 나를 부정적으로 대하기는 어렵다.

협의에 있어 상대방을 내편으로 끌어들이기 위한 또 하나의 요령은 상대방의 조언을 구하는 일이다. 조언을 구한다는 자체만으로 우리는 서로 적이 아님을 은연중에 설명하는 것이고 그러다보면 친밀감이 생긴다.

부서 이기주의를 희석시키거나 무력화하는 데는 이러한 공감대와 친밀감의 확대가 매우 좋은 도구가 된다. 그리고 감정적인 요인은 끝까지 배제하자는 마음이 중요하다. 그래서 상대방이 들었을 때 내 이야기가 비난으로 들려서는 안 된다. 비난이 아닌 내 생각, 내 느낌을 전달하는 것에 초점을 맞추는 습관이 무엇보다 중요하다.

직장인들은 소통을 잘하기 위해 술을 마신다고 말한다. 필요악이라는 이야기이다. 폭탄주를 진기 명기한 방법으로 제조하고 부어라 마셔라 하며 끈끈한 우정을 과시하는 행위도 부분적으로는 소통을 위해서이다. 그러나 진정한 의미의 소통이란 '우리가 남이가. 형제 아이가'를 취한 채 어깨동무로 확인하는 것이 아니다. 바로 평소의 긍정적 에너지의 표준 수위 관리를 누가 얼마만큼 했느냐로 결판난다고 해도 과언이 아니다.

마지막으로 한 가지 더. 사람들은 주로 자기가 아는 만큼 보고, 말하기 마련이다. 상대방의 이야기를 들을 때도 듣고 싶은 말만 듣는 사람들이 있다. 그러니 상대가 하는 말 이면의 의미를 이해하는 노력이 필요하다. 예를 들어 동료가 '회사를 그만두고 싶다'라고 한다면 실제 그가 회사를 그만두고 싶은 걸까? 생각해보면 간단하다. 그만두고 싶다가 아니라 지금 많이 힘들다로 이해해야 하는 거다. 왜라고 하지 않고 뭐가 힘든지를 물어봐주는 센스가 바로 소통이다.

지금 이 순간, 일본 영화 〈심야식당 2〉에 등장하는 식당의 단골 아저씨가 떠오른다. 이미 노인이라 불릴 만큼 늙은 남자. 그는 한밤중에 메뉴를 주문하고 밥을 먹으며 무엇을 먹었는지 수첩에 늘 기록한다. 옆에 있던 아가씨가 왜 메뉴를 종이에 적느냐고 물어보니 "기록을 하면 매끼 저녁식사가 소중하게 여겨져"라고 말한다. 그러다 시간이 흐르고 어느 날 더 이상 메뉴를 기록하지 않는 그를 보며 아가씨는 또 묻는다. 왜 이제는 메뉴를 적지 않느냐고. 그의 대답은 이렇다. "더 이상 뭘 먹는지가 중요하지 않다는 걸 알았어. 누구와 함께 먹느냐가 중요하니까 말이지."

'소통'이 그렇다. 누군가와의 관계가 소통이고 그 자체가 소중하다. 무엇을 하느냐보다 누구와 함께하느냐가 더 중요한 세상에 우리는 살고 있다. 누군가와 건강한 소통을 할 수 있다는 건 정신적으로 건강한 사람이라는 뜻이기도 하다. 그래서 긍정적인 에너지로 나 스스로를 감싸는 노력이 필요하다. 건강한 소통은 에너지 속에 자라나는 열매이기 때문이다. 그 열매는 저절로 얻어지지 않는다.

어떻게 하면 소통을 잘할 수 있을까라는 관심으로 씨를 뿌리고, 그 방법대로 스스로 일터에 적용하는 것으로 싹을 틔우고 자라나게 해야 한다. 책에 쓰여 있는 방법이 저절로 자신의 생활에 스며들지 않는다. 처음에는 잘 안 되더라도 자꾸 시도해야 한다. 그러다보면 열매는 저절로 얻게 된다. 원래 대부분의 회사는 이상하다. 나와 다른 사람들이 모여 있기 때문이다. 건강한 소통이라는 열매를 수확하면 이상한 회사에서도 행복한 앨리스로 살 수 있다.

회사생활은
모노드라마가
아니다

"왜 나만 미워하죠? 특별히 밉상으로 보일 만한 짓을 하지 않았는데 말이에요. 눈엣가시나 되는 것처럼 언제나 쏘아보고 인상을 써요. 그렇게 보지 않을 때는 컴퓨터를 들여다보며 시선도 맞추지 않은 채 지시를 하죠. 정말 어떻게 하면 좋을지 모르겠어요."

은위 팀장은 회사만 오면 우울하다. 부장이 수장으로 있는 A 본부는 네 개 팀으로 구성되어 있다. 그는 유일한 여성 팀장. 나이도 어리다. 일을 꼼꼼하게 열심히 하는 편이고 성격도 좋아 팀원들을 잘 이끈다. 욕심도 대단해 팀 실적을 위해 물불을 가리지 않는다. 지난번 프로젝트로 회사에서 상반기 대상을 받은 것도 은위 팀장의 탁월한 리더십 때문이라는 칭찬이 자자했다. 그러나 정작 부장은 본부 네 개 팀 모두 모인 회식 자리에서 본부가 잘해 모두가 받은 상이나 마찬가지라는 말로 그녀 팀의 성과를 희석시켰다.

은위 팀장과 부장과의 갈등은 본부 사람들 모두가 공공연히 알고 있는 비밀이다. 그러나 누구 하나 중재하거나 상황을 개선시키려 노력하지 않았다. 그러기에는 골이 깊어질 대로 깊어졌다고 생각하기 때문이다.

둘의 갈등은 서로 지기 싫어하는 성격 때문이었다. 은위 팀장은 자신의 공적이 본부에 물 타기 될까봐 늘 불안해하며 일부러 팀 실적을 사내 게시판이나 SNS를 통해 과장되게 홍보했다. 이런 모습이 꼴같잖다고 심사가 틀어진 부장이 칭찬은커녕 모른 척 하는 사이에 둘의 사이는 점점 더 벌어지고 그 사이에 있는 직원들만 죽을 맛이었다.

또 다른 K 본부. 일이 많기로 유명하다. 본부장이 우선 일 중독 증세가 있는 여성 임원인데다 직원들은 K 본부를 가리켜 연애의 무덤이라고 말한다. 거기로만 발령 나면 일만 하느라 있는 애인과도 헤어지고 새로운 연애는 꿈도 꾸지 못한다고 해서 붙은 별명이다. 기혼자들의 최종 목표는 이혼 당하지 않기이며 최고의 미스터리는 본부장이 아직까지 결혼 생활을 유지하는 거라는 소문이 돌 정도이다.

그야말로 찍 소리 말고 일만 해야 하는 분위기를 견딜 수 있는 팀원들만 존재하는 특공대 같은 조직에다 본부장의 독특한 자부심도 하늘을 찌르는 분위기였다. 그러나 영준 대리의 결혼으로 말미암아 본부 분위기가 일순간 깨지기 시작했으니 바로 반란의 서막이었다고 볼 수 있다. 결혼한 후 영준 대리는 아내에게 하루에 10통도 넘는 전화를 받아야 했다. 질문은 늘 언제 퇴근하느냐는 짜증이었고 허니문 베이비를 임신한 그녀는 남편의 늦은 귀가에 넌덜머리를 내기 시작했다. 영준 대리는 영준 대리대로 회사에서 치이고 아내 눈치를 보는 일에 지쳐가다가 끝내 이렇게 야근만 하며 직장 생활을 지속할 수는 없다고 반기를 들었던 것이다. 당당하게 혼자 정시에 퇴근하는 반항을 시작한 거다.

이쯤 되니 본부의 분위기가 흐려지고 다른 팀원들의 불만도 뒤이어 터져 나오기 시작했다. 당연히 본부장의 노여움은 하늘을 찌르고 평소 전우애에 불타던 본부장과 영준 대리의 관계는 배려 없음과 불손의 대항전이다시피 됐다.

본부장은 열심히 일하려는 분위기를 흐리고 팀원의 의욕을 꺾는다는 이유로 그에게 죄목을 달고, 영준 대리는 제시간에 퇴근하는 일이 왜 분위기를 흐리는 건지 발상 자체가 잘못되었다는 불만을 우회적으로 표현함으로써 본부는 구멍 난 배에 물들어오는 형국이 되었다. 사람 간의 갈등은 회사 생활의 가장 큰 암초이다.

비난은 가장 나쁜 방법이다

직장과 가정은 많이 닮아 있다. 인생길을 함께 걷는 동반자로서의 의미가 그렇고, 오랜 시간을 함께하며 기쁨과 슬픔 또한 공유한다는 점에서 그렇다. 그러나 결정적인 차이는 직장은 혈연관계가 아니라는 점이다. 철저히 타인이다. 물론 가족보다 더 끈끈한 동료애가 있는 경우도 있지만 그것 역시 극히 일부분이다. 철저한 타인과 회사에서 되도록 갈등 없이 잘 지내기 위해 꼭 명심해야 할 몇 가지 원칙이 있다.

우선 회사 동료나 상사가 저절로 내 마음을 알아주기를 기대하지 말아야 한다. 이 정도는 말하지 않아도 알겠지, 라는 생각은 나만의 착각이다. 말하지 않아도 아는 경우는 거의 없다. 말해야 안다. 그러므로 내가 원하는 것을 구체적으로 정확하게 상대에게 말해야 한다. 그것이 갈등 없는 회사 인간관계를 유지하는 첫 번째 원칙이다.

직장에서 무수한 사람들과 부대끼다보면 의도치 않게 감정이 상하는 일이 있다. 회의를 하면서 서로에게 상처를 내기도 하고, 무심코 한 이야기인데 상대방은 오해하는 등 사람의 감정은 연약한 유리그릇처럼 아슬아슬 위험하다. 만약 누군가에게 화가 났을 경우 꾹 참기보다 터놓고 이야기하는 편이 해결에 가깝다. 그러나 이야기하는 방법이 중요하다. 말하지 않은 것만 못하게 털어놓는 것은 바로 '비난'이다.

일단 감정적으로 상대를 비난하는 것은 해결은커녕 문제를 더욱 심화시킨다. 특히 상사가 부하 직원에게 흔히 저지르기 쉬운 실수이다. 비난하지 말고 내 감정을 전달하는 방법이 중요하다. 예를 들어 "야, 그걸 그렇게 처리하면 어떻게 해? 확인을 했어야지. 그렇게 성의 없이 일하다가 사고 칠 줄 알았다. 정신을 어디 두고 일하는 거야?" 문제가 생겼을 때 이렇게 부하 직원을 비난한다 해도 이미 벌어진 문제를 해결하는 데 무슨 도움이 되겠는가? 욕먹은 부하 직원의 기분만 상하지 뾰족한 해결책은 아니다.

이 경우 사고의 원인과 재발 방지책을 선배로서 객관화시켜 가르쳐줄 필요가 있다. "문제가 된 건 자네가 미리 거래처에 확인하지 않았기 때문이야. 다음부터는 동일한 사안에 대해 일단 유선으로 한 번 담당자와 확인하고, 메일로 다시 한 번 확인해서 공식적으로 증빙을 남겨두도록 해. 이런 식으로 실수하면 팀 전체에 영향을 미치는 사안이기 때문에 재발 시 인사 고과에 반영될 수 있어"라는 식으로 감정을 배제한 채 일하는 방법을 조언해야 한다.

또한 비난하고 싶을 때라도 어쩌면 내가 오해한 건 아닌지 한 번 더 생각해보는 습관은 갈등 유발 방지에 매우 효과적이다. 사실 서로에 대한 오해로 말미암아 아무 일도 아닌데 갈등이 깊어지는 경우도 있다. 업무 지시를 내리는데 영 마땅치 않은 표정으로 대답도 명쾌하게 제대로 하지 않는 부하 직원을 봤다고 치자. 당장 불쾌감에 "듣고 있는 거야?

왜 대답을 안 해? 뭐가 불만이야? 태도가 왜 그래?"라고 비난하기에 앞서 잠시 멈추고 생각해보자. '뭔가 못마땅한 듯한데 내 말이 불만인가? 아니면 다른 개인적인 문제가 생겨 저렇게 표정이 안 좋은 건가? 내 지시 사항이 못마땅해 보이는 건 내 오해나 착각인가?'라고 생각하면 당장에 부하 직원을 비난하지 않고 '질문'할 수 있다.

"무슨 문제 있나? 왜 표정이 그렇게 어둡지? 내가 뭘 도와줄 일이 있으면 얘기해보게." 단 한 순간 비난하기에 앞서 착각인지 오해인지 생각만 해봐도 인간관계의 흐름이 달라진다. 물론 쉬운 일은 아니다. 때마다 멈추고 오해인지 다시 생각하는 것은 스스로 적지 않은 마음 단련을 전제한 비법이니 노력 없이 되는 일은 아무것도 없다는 말이 진리일 수밖에.

마지막으로 내가 듣는 조언이나 반대 의견에 너무 예민할 필요 없다고 생각해야 한다. 사실 듣기에는 거북하지만 조언은 결국 내게 도움이 되는 말이다. 반대 의견 역시 마찬가지이다. 반대 의견을 듣고 필요하면 수용하고 결국 필요 없다고 생각되면 버리면 된다. 모든 이들이 나와 같은 생각을 하고 내 의견에 찬성해줄 리가 만무하지 않은가. 세상을 살면서 나와 같은 생각을 하는 사람보다 그렇지 않은 사람이 훨씬 많다는 것이 뭐가 그리 억울할까.

어차피 회사는 혼자 공연하는 모노드라마가 아니다. 회사라는 무대에서 나랑 함께 공연하는 저 사람은 나와 다르다. 그래서 서로 배려하는 방식도 다르고, 일하고 말하는 방식이 모두 다르다는 것을 적극적으로 인정할 때 감정적으로 움직일 수 있는 공간이 커지게 된다. 그래야 여유 있게 견딘다. 괴롭지 않고 여유로워야 오래 견딘다. 직장 생활에서는 만 고의 진리이다.

일터에서
행복할 ————
권리

　은수 씨는 12시 정오가 되기 직전 사무실을 빠져나간다. 빠른 걸음으로 회사에서 되도록 멀리 벗어나야 한다. 광화문에서 근무하는 그는 날듯이 종로 쪽으로 걷는다. 15분쯤 걸으면 여전히 오피스 거리이긴 하지만 같은 회사 사람들이 결코 오지 않을 법한 식당들로 넘쳐난다. 이중에서도 혼자 밥을 먹을 수 있는 식당을 찾아내는 데는 꽤 오랜 시간이 걸렸다. 점심 피크 시간에 혼자 테이블을 차지할 용기가 없기 때문이다.

　오늘은 뒷골목의 작은 분식집에서 잔치국수와 김밥 세트를 시켰다. 점심시간에도 그다지 붐비지 않고 주인아주머니도 눈치를 주지 않는 식당이다. 일주일에 적어도 두 번 얼굴을 내미니 이젠 주인도 반갑게 맞는다. 고마운 것은 왜 늘 혼자냐고 묻지 않는 거다.

그녀가 점심마다 혼자 밥을 먹기 시작한건 두 달쯤 되었다. 처음에는 혼자 밥 먹기가 창피해서 굶어보기도 했으나 그래봐야 나만 손해라는 생각이 들어 이제는 제때 끼니를 챙겨먹는다. 대신 같은 팀 동료들과 식당에서 마주칠 자신은 없다.

공식적인 왕따이지만 혼자 밥 먹는 모습을 보여주고 싶지는 않다. 함께 밥 먹으러 가자는 소리도 없이 저희들끼리 우르르 나가는 모습이 보기 싫어 동료들보다 5분 먼저 사무실을 나선다. 그녀가 그렇게 혼자 점심을 해결하고 있는 걸 모르지 않을 텐데 두 달이 넘도록 아무도 점심 식사를 같이 하자는 이야기가 없다. 이제 회사에서 그녀는 거의 투명인간 취급을 당한다.

물론 처음부터 그랬던 건 아니다. 남편 말처럼 그녀가 일을 자초했는지도 모른다. 6개월 전 단기 해외연수가 문제의 발단이었다. 우연히 사무실 프린트기 옆에서 발견한 추천서에 그녀는 이성을 잃을 뻔했다. 회사는 단기 해외연수 직원 선발에 정확한 규정을 정해두었다. 입사 시기, 인사 고과, 상벌 사항 등을 포함한 객관적인 자료로 연수 직원을 뽑는다는 것이었다. 은수 씨는 뉴욕 연수에 0순위였다. 모든 객관적인 지표가 그랬다. 그러나 프린트 오류인지 그녀가 발견한 추천서에는 은수 씨가 아닌 남자 동료 두 명의 이름이 떡하니 기재되어 있는 것이 아닌가.

나중에 알고 보니 본부장과 친분이 끈적끈적하다 못해 강력 접착제 같은 동료 두 명이 추천된 것이다. 다급한 마음에 당장 본부장 방으로 뛰어 들어간 은수 씨가 상황을 따지듯 묻자 본부장의 얼굴은 금방 불쾌한 빛으로 변했다. 추천은 자신의 권한이고 그들은 서로 형님 먼저, 아우 먼저 하며 양보하는 판에 너는 뭐가 대단해서 네 권리라고 따지는 거냐고 했다. 이에 질세라 그녀는 인사 팀장과 면담을 신청했다. 상황을 설명하고 본인의 권리이니 본인이 가야겠다고 선언한 것으로 그녀는 돌이킬 수 없는 강을 건넌 셈이다.

결국 뉴욕 해외 단기 연수는 은수 씨의 몫이 되었다. 잘 다녀오겠다고 인사하는 그녀에게 눈길 한 번 주지 않은 본부장이 야속하기보다 권리를 뺏기지 않았다는 승리감에 그냥 그러려니 했다. 인사 팀장에게 왜 회사 원칙을 준수하지 않고 사적인 감정으로 직원을 추천하느냐는 소리를 들은 본부장이 속이 좋을 리 만무했다. 그러나 이미 엎질러진 물. 다녀와서 수습할 수 있을 거라 생각했지만 그녀의 착각이랄 수밖에.

3개월의 짧지 않은 연수에서 돌아온 그녀는 돌아온 직후부터 사무실 공기가 예전 같지 않다는 것을 느꼈다. 연수 중 밤잠을 설쳐가며 최고 성적을 받아낸 것도 전혀 의미가 없었다. 그저 그녀 혼자 만족해야 하는 점수일 뿐이었다. 직원들은 하다못해 잘 다녀왔냐는 소리도 없고 어제도 그제도 그녀가 사무실에 있었던 것처럼 행동했다. 점심시간이 되자 그녀는 연수를 다녀왔으니 밥을 사겠다고 팀원들한테 제안했지만 함께 밥을 먹은 직원은 마지못해 끌려온 막내 여직원 두 명뿐이었다.

이후 그녀의 왕따 회사 생활이 시작되었다. 추천서에 올랐던 동료는 물론 다른 동료들도 본부장의 눈치가 보이는지, 아니면 그녀가 매우 이기적인 사람이라고 생각한 건지 그녀를 슬슬 피했다. 점심시간이면 그녀에게 한마디 말도 없이 우르르 몰려나가는 꼴을 한두 번 당하자 은수 씨는 어이가 없고 무서워지기 시작했다. 하물며 본부 내에 직원 신혼 집들이를 가는 것도 당일 저녁에야 알았다. 출발하기 전 차량을 어떻게 나눠 탈 건지, 네가 내 차를 타라는 둥 부산스러운데 그 어느 차량도 은수 씨가 탈 자리는 없는 듯했다.

"내가 투명인간이 된 거 같아. 어쩜 그렇게 다들 못됐냐."

공포에 질린 그녀의 푸념에 남편은 "그러니 내가 뭐랬어. 그렇게 너하고 싶은 것만 밀어붙이니 문제가 생기는 거야"라고 대꾸한다. 혼자 점심을 먹고, 공유되지 않는 정보를 구걸하고, 기분 나쁘지 않은 척, 기죽지 않는 척 아무렇지도 않은 척 그렇게 지낸 지가 연수에서 돌아온 직후부터 두 달째가 된 셈이다.

정말 오늘도 열심히 살 수 있을까

은수 씨처럼 의도치 않게 직장 내에서 어려움을 당하는 직원이 적지 않다. 특별히 잘못을 저질러서라기보다 여러 사람이 모여 일을 하다보면 불필요한 오해와 이해관계가 부딪히고 그러다보면 피해자와 가해자가 생기기 마련이다. 요즘 이런 경우를 직장 내 괴롭힘이라고 말한다. 국가인권위원회에서 직장 생활 경험이 있는 만 20~64세 남녀 1,506명을 대상으로 실시한 설문조사 결과에 의하면 10명 중 7명 이상이 직장내 괴롭힘을 당한 경험이 있다고 한다. 그중 12퍼센트는 거의 매일 괴롭힘을 당했다고 응답했다.

직장 내 괴롭힘은 꽤 여러 가지 유형이 있다. 은수 씨처럼 의도적으로 왕따를 당하는 경우가 있는가 하면 과도한 업무 지시, 업무 능력이나 성과를 부당하게 낮게 평가, 폭언, 욕설, 공개적인 모욕, 허위 사실 유포, 성희롱 등이 있다. 더욱 문제가 되는 건 그 피해자들이 신체적 정신적으로 나쁜 영향을 받음에도 불구하고 그중 60퍼센트는 괴롭힘에 대해 아무런 대처도 하지 않는다는 것이다. 더불어 가해자는 대부분 상급자이다.

그도 그저 가만히 속앓이를 하는 거 외에 아무 대처 방법이 없는 것처럼 지냈다. 그리고 결국 왕따의 생활에 모욕감을 느끼며 회사를 떠났다. 단지 본인의 권리를 찾겠다는 그녀의 생각이 잘못된 것이었을까? 조직 내에서 나의 의사와는 관계없는 괴롭힘, 그 위기에서 어떻게 하면 스스로를 구해낼 수 있을까?

일단 괴롭힘의 유형 중 단연 우위를 차지하는 상사의 부당한 괴롭힘에 맞서려면 좀 더 적극적인 요령이 필요하다. 예를 들어 모욕적인 말을 하는 상사에게 '그렇게 생각하세요?'라고 오히려 반문해 상황을 객관적으로 만들거나, 상사가 주는 모욕이 상사 인성의 문제이지 나와는 관계없는 것으로 공론화할 필요가 있다.

만약 상사가 폭언을 일삼는다면 모두가 듣는 자리에서 '그런 모욕적인 말을 내가 들을 이유는 없다. 부당한 폭언은 당신의 인격을 나타내는 것이니 나와는 상관없지만 당신 스스로를 위해 다음부터는 삼가해 달라'고 정중히 경고하는 것이 좋다. 경험이 없는 사람이라면 큰 용기가 필요한 일이지만 괴롭힘의 고리를 끊는 것은 용기로부터 시작해야 한다.

명심할 것은 부당한 대접에 지극히 용기를 가지고 상사에게 되받아쳐 줬다면 그 이후 그 상사를 향해 무례한 태도를 보여서는 안 된다는 것이다. 인사도 안 하거나 눈도 맞추지 않는 것은 아마추어들이나 하는 실수이다. 내가 괴롭힘에 의해 휘둘리지 않는다는 걸 보여주는 결정적인 태도는 상대의 수준과 관계없이 나의 품격 있는 자세이다.

그 다음으로는 스스로의 마음을 컨트롤하고자 노력해야 한다. 나쁜 말, 부당한 말을 들었으면 그대로 쓰레기통에 탁 던져버린다고 생각해보라. 모욕적인 이야기를 듣고 스스로 상처받으며 되새김질하고 있는 것은 마치 냄새나는 쓰레기를 계속 몸에 지니고 다니는 것과 다름없다. 버려라. 쓰레기는! 그리고 왜 회사에 다니는지 그 이유에 대해 생각해보는 것이 좋다. 이유가 명확하다면 꼴 보기 싫은 인간이 있기는 하나 그렇다고 지금 퇴사는 아무튼 아니다, 라고 판단할 수 있다.

그러나 직장에서 혼자 마인드 컨트롤만으로 나를 괴롭히는 상사나 동료를 용감한 장군처럼 무찌를 수 있는 경우는 그저 일부분일 뿐이다. 도저히 견딜 수 없는 상황이라 하면 속으로 끙끙 앓으며 시름시름 저도 모르게 병이 깊어갈 수도 있다. 아니 죽을지도 모른다. 그렇게 마음을 공격당하는 일은 무서운 것이다. 도저히 안 되겠다는 판단이 들 때는 전문기관이나 상사, 동료에게 적극적으로 도움을 요청하는 것이 바로 '최선'이고 나 스스로에 대한 '의리'이다. 또한 그것은 스스로에게 일터에서 행복할 권리를 찾아주는 것이다. 오늘도 열심히 살았다고 가슴 쓸어내리는 퇴근길, 위기는 그렇게 날마다 지나간다.

대담하게
살아도
괜찮아

"이 과장은 또야? 나 참 일을 하겠다는 거야, 말겠다는 거야?"

'네, 또입니다. 또예요. 그러고 싶어 그러겠습니까. 누가 본인만큼 괴로울까요?'

입속으로 웅얼대며 이 과장 업무를 팀원들이 대충 급한 대로 나눠본다. 전화해야 할 거래처, 대신 들어가야 할 미팅, 보고서 수정까지 체크하는 팀원들은 언제까지 이래야 하나 걱정이 태산이다. 가뜩이나 일손이 부족한데 허리 역할을 해줘야 할 이 과장은 와이프와 아이 때문에 오늘도 결근이다.

이 과장에게 날벼락이 떨어진 건 3개월 전이었다. 10살 아들이 희귀성 난치병 판정을 받자 그의 아내는 심한 우울증으로 제대로 일어나 앉지도 못했다. 병원에 아들과 아내가 번갈아 입원을 하더니 이젠 아예 온 식구가 병원에서 사는 모양이다. 이 과장은 그 병수발을 혼자 떠맡고 있으니 사는 게 사는 게 아닌 형편이 되어버렸다.

"아직도 꿈꾸는 거 같아. 왜 이런 일이 내게 일어났을까. 어디서부터 뭐가 잘못된 걸까."

하루아침에 얼굴이 반쪽이 된 그가 양손으로 마른세수를 하며 내뱉은 이야기에 팀원들은 뭐라 대꾸할 말이 없다. 그날부터 징검다리마냥 결근과 조퇴, 지각이 예사가 되었고 자연히 부서 분위기는 어수선했다. 그러나 입원비에 생활비까지 생각하면 회사를 그만둘 수도 없는 노릇. 이러지도 저러지도 못하고 3개월이 흘렀다.

결국 이 과장은 사직서를 냈다. 회사에서는 잠시 만류하는 척 하더니 그의 사직을 내심 반기는 눈치였다. 그는 10년 넘게 다니던 직장을 황망하게 떠났다. 그리고 PC방을 시작했다. 그때 막 PC방이 붐을 이루던 때라 시기가 적절했다. 회사에서 꼼꼼하기로 소문났던 이 과장은 청소년보다 직장인 등 성인을 대상으로 하는 프리미엄급 PC방으로 차별화를 꾀하며 예상외의 성과를 이루어냈다. 낮에는 병원에서 가족을 돌보고 밤이면 쏟아지는 잠을 쫓아내며 사업에 매달린 결과였다.

결과만 놓고 보면 전화위복이었다. 그러나 그 성과를 위해 이 과장은 달랑 아파트 한 채인 전 재산을 정리하고 처갓집에 얹혀살기를 마다하지 않았다. 병마에 사로잡힌 가족을 돌보고 생활비를 벌기 위해 그는 극단적인 선택을 한 셈이었다. 그 회사에 다닌다는 것 자체가 자랑이고 적성에 딱이라는 사실과 관계없었다. 그가 퇴사할 거냐 말 거냐의 기준으로 삼은 것은 '현재 상황에서의 냉정한 최선'이었던 셈이다.

윗사람과는 늘 의견이 맞지 않아 능력에 비해 인정받지 못하던 K 과장. 그는 늘 유니크한 스타일을 추구하고 상사들은 그러한 모습을 받아들이기 힘들어했다. 스스로의 천성을 버리기가 어렵다고 판단한 그는 과감히 사표를 던지고 혼밥 혼술을 전문으로 하는 10평짜리 식당 주인이 되었다.

또 다른 C 과장. 늘 야근이 많고 주말 근무도 많은 회사의 특성은 이미 알고 경력 입사했으나 매일매일이 행복하지 않다고 했다. 그 이야기를 듣던 나는 속으로 기가 막혔지만 겉으로 티를 내지는 않았다. '매일매일 행복한 회사를 찾는 거냐, 너?' 속마음이 들켰는지 그의 고백은 '날마다 출근하며 행복할 수 있는 일터를 찾겠다'는 거였다. '그런 곳이 있으면 나도 소개해줘'라고 농담했지만 기어코 C 과장은 퇴사해서 우리 회사 연봉의 절반인 기아 단체 공익 법인에 취직했다.

그러고 나서 가끔 SNS를 통해보는 그의 모습은 '행복해 보였다'. 자신이 원하는 일을 하고, 야근도 없고, 가족과 저녁을 함께할 수 있고, 취미 생활도 즐기는 것은 연봉이 적은 것과 얼마든지 바꿀 만한 가치라는 것을 증명해 보이기라도 하는 듯했다.

배는 항구에 정박하라고 만든 것이 아니다

이들의 공통점은 '현재의 상황에서 자신을 정확히 보고 분석하는 데 집중했다'는 것이다. 직장 생활을 하며 늘 시들시들 대충 사는 사람들이 있다. 그야말로 '죽지 못해' 다니는 직장, 가족의 생계가 달렸으니 '할 수 없이' 오늘도 출근한다는 직장인들이 많다. 다시 말하면 자신에게 주어진 세월을 단지 얼마의 돈(월급)과 바꾸며 사는 걸로 만족하는 우울한 현실인 셈이다.

회사가 싫증나고 힘들면 누구든 이직해야 한다는 뜻이 아니다. 다만 내가 가장 잘할 수 있는 일이 무엇인지, 지금 내가 하고 있는 일은 내 인생에 최선인지, 나의 환경과 상황에 최적화된 인생을 살려고 나는 노력하고 있는지에 대한 끊임없는 고민이 나를 성장시키는 비결이라는 사실을 말하고 있다.

집안의 우환으로 회사에 최선을 다할 수 없을 때 과감히 개인 창업으로 돌아선 사람, 본인의 독특한 성향이 회사에서는 인정받을 수 없음을 일찌감치 깨달은 사람, 자신에게 있어 인생의 가치가 브랜드 있는 회사에 다니고 높은 연봉을 받는 것이 아니라 가족과 함께하는 시간임을 이미 알고 있는 사람들이 회사를 떠났다. 그들의 또 다른 공통점은 현실을 합리화하며 안주하지 않았다는 것이다.

지나고 보면 안다. 그때가 최선이었는지 아닌지를. 그러니 자주 자신에게 물어봐야 한다. 지금이 최선인가를. 훨씬 더 잘할 수 있는 일이 있는가, 있다면 무엇인가. 만약 그게 뭔지 잘 모르겠다고 하면 스스로에게 미안해해야 한다. 내가 잘할 수 있는 것이 무엇인지는 다양하게 경험해봐야 알 수 있는 건데 시도해보지 않았다는 증거이니 말이다.

회사 밖에서 최적화 내지는 최선을 찾지 않더라도 회사 내에서 위험을 감수해 본인의 가치를 올리는 경우도 드물지 않다. 대부분 회사에서는 소위 잘나가는 부서에서 일하고 싶어 한다. 인기 많고 인정받는 핵심 부서라든가 승승장구하는 임원이 수장으로 있는 부서에 있는 편이 유리하다는 생각에서 그렇다.

구매를 담당하던 J 대리가 있었다. 성격 좋고 팀 회식 때만 되면 도맡아 분위기를 이끄는 등 동료들이 좋아하던 직원이었다. 그를 눈여겨본 마케팅 본부장이 그를 마케팅 부서로 스카우트 제의를 했다. 마케팅을 전공하지는 않았으나 위트와 아이디어가 뛰어난 그의 재능을 높이 산 까닭이다. 더군다나 마케팅 본부장은 회사에서 가장 영향력이 큰 임원이었다. 그러나 J 대리의 심사숙고 후 대답은 NO였다. 제안한 본부장의 눈 밖에 날 것을 감수한 결정이었다.

"그 분야에서 최고가 될 자신이 없어요. 그러나 이 분야라면 자신 있습니다. 제가 가장 잘할 수 있는 일을 하는 게 맞죠."

그가 부서 이동을 거절한 이유였다. 사실 회사 특성상 구매 팀은 한직이라 불릴 만했다. 누구도 주목하지 않는다. 게다가 구매 팀이 소속된 본부의 수장은 강제 퇴직을 얼마 남겨두지 않은 임원이었다.

그러나 현 상황에서 최선이 무엇인지를 J 대리는 무섭게 집중한 끝에 내린 결정이었다. 얼마 지나지 않아 그의 결정이 옳았음은 고속 승진과 영향력으로 증명했다. 잘나가는 윗사람 아래 있다고 자신도 잘나가는 시대는 지났다. 동아줄을 부여잡으면 함께 두레박을 타고 올라가는 전설은 더 이상 없다는 얘기이다.

어정쩡한 자세가 가장 나쁘다. 대충 조직 안에 섞여 함께 떠밀려 가면 된다는 자세는 더 나쁘다. 거센 풍랑과 폭풍 때문에 혹시 파선할까 무서워 배가 안전하게 항구에 정박하고만 있다면 그 배의 존재 의미는 무엇일까. 우리는 모두 항구를 떠나서 목표를 향해 떠나야 할 배이다. 내 환경에 최적화된 일과 삶을 스스로 맞춤형으로 찾아내는 위험을 감수할 때 지금은 망망대해이지만 결국 원하는 항구에 안전하게 도착할 수 있을 것이다.

오늘도 ———— 사표 쓸 뻔 했다

'타인은 지옥이다.'

철학자 사르트르의 이야기가 이처럼 가슴에 콕 와 닿은 적은 늘 회사에서이다. 10년 동안 딱 세 번. 오늘이 바로 네 번째이다. 형준 과장은 S 그룹의 3년차 과장. 그의 별명은 금돌이. 유별나게 직장 상사 복이 없다. 남들이 다 인정할 만큼 파란만장한 직장 생활을 이어오고 있어 〈굳세어라 금순아〉의 남자 버전이라고 한다.

연초 조직이 재편성되고 그 역시 새로운 팀장을 맞았다. 그러나 금돌이라는 별명이 괜히 생긴 게 아니라는 듯 이번에도 만만치 않다. 팀장의 성정이 불같아 매사에 느긋한 형준과는 또 맞지 않는다. 새 팀장에게 적응하기란 쉽지 않을 듯하다. 팀장은 이번 주말까지라며 던져준 보고서를 수요일 아침에 내어 놓으라고 닦달한다. 아직 미완성임을 듣고는 거품을 물고 넘어갈 정도로 난리이다. 이건 또 무슨 스타일? 참으로 여러 상사를 만났지만 어쩜 그렇게 만날 때마다 다양한지. 하는 수없이 형준 과장은 수요일 날밤을 새워 목요일 오전에 보고서를 완료해 내밀었다. 그러나 웬걸, 이번에는 다른 보고서를 찾으며 일을 빨리 안 한다고 펄쩍 뛴다.

'아…. 정말…. 왜 저런 말도 안 되는 일을 당하며, 입 다물고 잘못한 것처럼 고개 숙이고 있어야 하는 걸까…. 제발 상식적인 조직에서 살고 싶다. 오늘 그냥 사표 써?' 오늘도 그는 당장이라도 회사 문을 박차고 나가고 싶은 마음을 억누른다.

회사 동기들끼리의 술자리에서 최악의 '또라이 상사' 순위를 정하는 때가 있었다. 다들 폭소를 터뜨린 이유는 1위부터 5위까지가 모두 형준 과장이 모셨던 상사들이었기 때문이다. 퇴근 후 친구들과의 약속으로 회사와 상당히 떨어진 곳에 있었는데도 위급한 사태가 벌어진 것처럼 회사로 불러들이는 상사(허겁지겁 가보니 다음날 출근해서 아침에 처리해도 아무 문제없는 사안이었다), 협력 업체 사장 앞에서 대놓고 망신주거나, 회의 시간에 동료들 앞에서 모욕적인 언사로 기막히게 하는 상사도 있었다.

술만 취하면 사람을 때리는 주사가 있었던 팀장은 남의 집 귀한 아들인 형준 과장의 뺨을 때리고도 다음날 아무렇지도 않은 듯 기억에 없다고 했다. 그의 입장에서는 진심으로 읍소하며 잘못된 부분의 시정을 건의했는데 흔쾌히 받아들이는 척하다 인사 고과에서 최악의 점수로 복수하는 상사도 있었다.

스스로 괜찮다는 위로의 힘

상사와 맞지 않을 때 직장인들은 가장 큰 위기라고 느낀다. 같은 일을 해도 위아래 사람들과 마음이 맞으면 시너지 효과가 있다. 그러나 혼자 아무리 열심히 한다 한들 사람들과의 관계가 삐걱거리면 마음이 괴롭고 실적이 날 리 만무하다. 일과는 관계없이 사람 때문에 사표를 던져버리고 싶은 순간이 오게 마련이다. 회사는 늘 좋지도 그렇다고 괴롭지만도 않다. 문제는 '사람'을 포함해 회사에서 사표를 던지고픈 위기가 왔을 때 어떻게 하면 지혜롭게 이기고 넘어가느냐이다.

어느 날인가 드라마를 보고 있는데 여주인공의 독백을 듣는 순간 짜릿했다. '정면 승부다. 언제나. 그리고 나는 이번에도 이긴다. 언제나 그랬던 것처럼.' 그리고 드라마답게 그녀는 또 한 번 위기를 돌파해나간다. 정면 승부로. 그러나 드라마는 드라마. 현실은 현실일 뿐이다. 정면 승부로 언제나 이길 리가 없지.

늘 깨지고 터지고 실패하기도 한다. 그렇다고 해서 위기에 맞닥뜨렸을 때 무섭다고 주저앉아 있을 수만도 없다. 드라마가 아닌 현실에서 그것도 내 직장에서 닥쳐오는 위기에 나는 어떻게 대응해야 하나.

일단 위기의 상황에 닥치면 그 상황을 정확히 정면으로 마주하고 직시해야 한다. 보통은 위기를 회피하거나 도망치는 경우가 많다. 자기 보호 본능이지만 이런 무의식은 자신을 보호하지 못한다. 정확히 이 상황은 어떤 것인지를 냉정하게 분석하고 최악의 시나리오를 구성해본다. 최악의 결과를 최악의 상황에서 수용할 것이라고 마음의 준비를 해보면 그렇게 복잡하던 마음이 다소 가라앉는 걸 느낄 수 있다. 일종의 체념이라 할 수 있다. 그 다음 그 최악을 피하기 위해 내가 할 수 있는 최선의 노력을 다한다.

의외로 그다지 힘든 일이 아니었다고 느낄 수도 있고 두려움에 휩싸이지 않은 상태에서 해결책을 만들기 때문에 집중력을 높일 수도 있다. '어차피 최악이라고 해봐야 00 아니겠어.' 이런 마음은 의외로 큰 에너지가 된다. 또한 그런 위기 상황조차 경력이고 경험을 쌓는 것이라 위로하면 타격이 덜하다.

한 가지 더, 서로 다른 생각과 다른 환경 속에 사는 다른 사람들이 모여 있는 조직에서 사람과의 문제는 사실 별거 아니라는 마음을 유지하는 건 예상 외로 큰 도움이 된다. 지나치게 남의 시선이나 말에 예민한 것도 일종의 열등감이다. 악의적인 말을 일부러 하는 사람에게는 오히려 무심하게 대응하는 것도 좋다.

특히 부하 직원에게 함부로 말함으로써 본인의 권력을 만끽하는 타입들이 많다. 여기에 휘둘리지 않으려면 악의적인 말을 듣더라도 겉으로는 포커페이스를 유지하는 것이 좋은 방어 전략 중 하나이다.

방어뿐 아니라 작정하고 공격 전략을 구사하겠다고 마음먹은 경우라면 대체 왜 그렇게 예의 없는 언사를 사용하는지 당사자에게 대놓고 질문하는 것도 좋다. 대단히 용기가 필요한 일이긴 하지만 효과는 크다. 예전 직장 후배 중 S 대리. 워낙 어디로 튈지 모르는 개성 만점의 캐릭터이긴 했다. 경력 사원으로 입사한 지 일주일 만에 전 사원이 알 정도였으니.

평소 욱하는 성격에 일이 더디게 진행되면 소리부터 지르고 보는 M 팀장이 그녀의 직속상관이었다. 며칠 평화롭게 지내나 했더니 온 사무실이 떠나가라 S 대리를 향해 고함을 지른다. 그걸 아직도 못하고 뭐하고 있었냐고.

"데드라인이 아직 세 시간도 더 남았는데요? 그런데 왜 그렇게 크게 소리를 지르시죠? 작게 말씀하셔도 다 들리는데요? 혹시 큰소리로 망신 주는 거 좋아하시나 봐요?"

S 대리는 눈 하나 깜짝 않고 팀장에게 또박또박 말한다. 정말 궁금해

서 물어본다는 얘기도 덧붙였다. 오히려 당황한 쪽은 M 팀장. 말문이 막혀 씩씩대다 '버릇없다'로 일갈하자 다시 S 대리는 '미성년자도 아닌 내가 왜 팀장에게 버릇없다는 말을 들어야 하는지를 설명해 달라'로 응수한다. 손에 땀을 쥐게 하는 경기를 보듯 다들 전화 받는 척 모니터에 얼굴을 박고도 모든 신경은 이 둘을 향해 있다. 결과는 당연히 S 대리의 승리. '모욕은 중단시켜야 한다'라는 그녀의 주장을 관철한 셈이다. 그러나 이런 시도는 어설프고 어정쩡하게 할 거면 처음부터 시작을 말아야 한다는 주의점이 있다.

〈잠깐만 회사 좀 관두고 올게〉라는 일본 영화가 있다. 주인공 다카시는 젊은 영업맨이다. 그는 회사에서 상사의 모진 인격 모독과 야근에 지치면서도 '주말은 반드시 온다. 그러면 또 살아갈 수 있다'고 중얼댄다. 그러나 실적에 대한 압박에 점점 더 힘들어지자 지하철역과 회사 옥상에서 자신도 모르게 충동적으로 자살을 시도한다.

그렇게 못 견디겠으면 회사를 그만두면 될 텐데 왜 극단적인 생각을 하게 되는 걸까. 다카시는 정사원이 되는 것이 최고의 목표였다. 그것이 불가능해지는 현실이 견딜 수 없는 탓이었을까? 그가 자살을 시도한 후 과수원을 운영하는 부모님께 내려가 회사를 그만둘까라고 의논하자 다카시의 부모는 담담하게, 그러나 환하게 아들을 격려한다.

'아직 젊잖아? 얼마든지 실패해도 괜찮아.'

'인생이란 살아 있기만 하면 어떻게든 풀리는 법이야. 희망은 없어지지 않아. 잠시 보이지 않을 뿐이지.'

우리는 회사에서 수많은 고민을 하며 지낸다. 내 업무 실력에 대해, 인간관계에 대해, 대책 없는 저질 체력에 대해. 그리고 하루에도 몇 번씩 회사를 계속 다녀야 하나 말아야 하나, 라고 갈등을 겪는 시기도 직장 생활 중간에 거치기 마련이다. 어차피 회사 인간으로 성장하는 과정이다. 그렇다. 우울증에 걸리는 것조차 직장에서 뭔가 해보고 싶고, 잘하고 싶고, 성공하고 싶으니 걸리는 증상이다. 앞으로 나아가고 싶은데 장애물에 자꾸 걸려 넘어지니 우울한 것이다. 걸려 넘어져도 괜찮다고 생각하자. 다시 일어서서 걷든 뛰든 하면 된다. 걱정, 불안, 상처도 버릇이다. 위기나 상처에 대처하는 용기에 덧붙여 스스로에게 괜찮다고 위로하고 격려하는 마음, 그 안에 정답이 있다.

말이
자본이고 ———
능력이다

  직장에서 유능하다고 분류되는 사람의 특징 중 가장 대표적인 것은
'제대로 말할 줄 안다'이다. 여기에서 모든 것이 시작된다 해도 과언이
아니다. 제대로 말할 줄 아는 사람은 모두에게 환영받는다. 그리고 그와
함께 시간을 보내거나 일을 하는 데 거부감이 없다.

  특히 직장에서 동료, 거래처, 상사와 부하 직원 간의 대화를 성공적으
로 이끌 만한 기본기는 첫째로 본인의 마음이 열려 있느냐로 출발한다.
누구나 본인이 호감을 느끼는 사람과 대화를 나눌 때는 즐겁다. 호감을
느끼게 되는 원인은 상대의 오픈 마인드이다. 내가 열려 있는 상태, 더

구체적으로 말하면 저 사람에게 배울 게 있다, 저 사람이 기대된다, 무슨 말을 할까라는 흥미진진한 마음으로 출발하면 그것이 바로 열린 마음이라 할 수 있다.

두 번째는 상대가 누구든, 어떤 상황이든 일단 대화가 시작되면 건성으로 들어서는 안 된다. 중간에 딴 생각하는 것은 더욱 금기이다. 보통 직장 상사의 경우 부하 직원이 책상 앞에 와 있다고 치자. 이 경우 본인이 일을 하고 있으면 모니터에 시선을 집중한 채 '무슨 일이야?'라고 건성으로 묻는 경우가 많다. 그렇지 않으면 모니터를 봤다가 그 직원을 봤다가 주의 집중을 못한 채 얘기를 듣는다. 가장 무능력한 상사의 표본이라 할 수 있다.

예전에 근무하던 회사에서 G 인사 팀장은 지위고하를 막론하고 누군가 본인 자리로 오면 자연스럽게 의자에서 일어났다. 함께 서서 눈높이를 맞추며 무슨 일이냐고 묻는 것이다. 일단 서서 용건을 듣고 나면 자리를 권해서 함께 앉는다. 이렇게 눈높이를 맞출 경우 상대방에 집중하기가 쉬워진다.

하지만 회사에는 나쁜 사례가 더 많다. 대표적인 예가 바로 I 이사. 그는 보통 사람에 비해 몸집이 작은 편이다. 그런 콤플렉스가 부하 직원과의 대화에 나쁜 습관을 들게 했다. 일단 누가 보고를 들어오든 몇 분을 얘기하든 본인 책상 앞에 세워두는 것이다. 중간 중간 전화도 받고 메일도 확인해가며 얘기를 듣는다.

내가 그를 처음 대면했을 때 40분을 선 채로 대화를 나눴다. 그는 그 방법이 상대를 제압하는 유리한 방법이라 확신하는 듯했고 그 버릇은 회사를 떠나는 순간까지 계속되었다. 확신하건데 그가 만약 회사 사람들과 대화하는 법을 제대로 알고 쓸 수 있었다면 훨씬 오랫동안 승승장구했을 것이다.

세 번째는 짧게, 쉽게, 반복하지 않고 말하는 것이다. 특히 자기방어적인 말하기에서 쉽게 빠지는 실수는 장황하게 말하기이다. 길게 말한다고 해서 상대방이 더 잘 이해하지 않는다. 문장을 간략하게 끊어 쉽게 말하기는 상대방을 더욱 집중하게 하는 효과가 있다.

사람들이 자주 빠지는 오류 중 하나는 전문적인 용어와 어려운 단어를 섞어 써야 상대방에게 지적으로 보인다고 착각하는 것이다. 절대 그렇지 않다. 쉬운 문장으로 말하고 혹여 전문 용어가 피치 못하게 등장할 경우 친절하게 풀어 설명하는 예의를 잊어서는 안 된다.

또한 동일한 내용을 반복하는 것은 최악이다. 이것은 직장에서 매우 아마추어 같은 이미지를 형성한다. 혹은 지위가 높은 회사 내 인물이 똑같은 내용을 반복할 경우 '늙어서 저런다'는 소리를 듣기 십상이다. 업무 중뿐만 아니라 회식 시간조차 마찬가지이다. 작심하고 부장님이 부하 직원들에게 유머 한마디를 했는데 예상치 않게 폭발적인 반응을 얻었다고 해서 한 번 더 재탕하는 순간 부장님은 촌스러운 아재가 되고 만다. 부하 직원들의 리액션을 곧이곧대로 믿어서는 안 되는 이유가 여기에 있다.

마지막으로 직장 내에서 누구와 대화를 하건 주인공을 뒤바꿔서는 안 된다. 예를 들어 부하 직원의 힘들었던 스토리를 듣다말고 비슷한 나의 사례를 늘어놓아 결국 부하 직원은 듣는 사람, 나는 말하는 사람이 되어서는 안 된다는 것이다. 이야기의 주인공은 그가 될 수 있도록 중간에 과도하게 끼어들어가지 않도록 주의한다.

또한 '설교'도 금물이다. 나이와 지위 고하를 막론하고 설교 듣기를 원하는 사람은 극히 드물다. 그냥 상대방 이야기를 아주 집중해서 들어주는 것이 가장 좋은 대화법인 셈이다.

선배가 후배에게 잘 말하는 법

본인이 막내로 있다가 신입 사원이라도 들어오게 되면 선배 노릇을 하는 스타일은 사람에 따라 천차만별이다. 일단 찍어 누르고 어마 무시한 힘을 과시하려는 선배가 가장 난감하다. 회사는 조직 폭력 집단이 아니고 군대도 아닌데 막내일 때는 괜찮다가 직장 상사가 되는 순간 이런 착각에 빠지는 회사원들이 꽤 많다.

또 다른 타입은 지나치게 잘해주고 상처받는 케이스. 적절한 선을 아직 감지하지 못한 선배는 후배가 생겼다는 기쁨에 돌봄 의욕이 용솟음친다. 일일이 회사 일을 가르치고 뭐가 불편한지 먼저 챙기고, 밤에 술에 한껏 공을 들인다. 그러나 본인의 신입 시절과는 달라도 너무 다른 후배의 태도에 한두 번 당황하기 시작하면 곧 배신감으로 혼자 부르르 떨기 마련이다. '내가 그 시절에는'이라고 부르짖어봐야 뒤에서 코웃음 당할 일이다.

처음 부하 직원을 거느리게 된 직장인이 좋은 선배로서 첫걸음을 내딛는 일은 의외로 간단하다. 일단 주의를 주어야 할 때는 자신의 실수 경험담이 좋은 재료가 될 수 있다. 예를 들어보자. 까다롭기로 유명한 클라이언트에게 확인 받을 제안이 있다. 윗선까지 갈 내용은 아니고 거의 실무자끼리 의논해서 결론을 봐야 하는 내용이다. 이때 선배가 후배에게 전후 사정을 전부 생략한 채 미팅할 때는 대안을 여러 개 만들어가라고 지시해봐야 소용없다.

'내가 전에 Y 업체와 미팅할 때 시간 낭비를 많이 했는데….' '그들의 스타일을 확인해봤는데 세 가지 안을 미리 준비해가면 한 번에 미팅이 끝날 수 있어.' 이런 식의 지시가 필요하다. 본인의 예전 경험이 가장 설득력 있는 도구이다.

또한 구체적으로 지시해야 한다. 대충 지시하고 나중에 마음에 안 드는 성과를 보며 말을 못 알아듣느니, 언제 이렇게 하라고 했느니 부하 직원을 쥐 잡듯 하는 상사는 갈 길이 멀다. 늘 구체적으로 지시하고 여기서 한 발 더 나아가 제대로 이해했는지를 그 자리에서 부하 직원에게 확인하는 것이 가장 시간을 절약하는 습관이다.

이 모든 지시가 제대로 되었다 하더라도 칭찬이 빠지면 소용없다. 부하 직원은 칭찬을 먹고 쑥쑥 자란다고 보면 틀림없다. 상대를 무시하는 말투는 독이다. 그에 반해 칭찬은 황금사과이다. 이건 부하 직원이 칭찬받을 만한 사람인지 아닌지와 관계없다. 칭찬받을 조건이 없는 사람은 없다. 찾아보면 있다. 무조건 찾아라. 그리고 칭찬해라. 그것도 수시로.

상사의 고질병 중 하나는 과정을 생략하고 싶어 한다는 거다. 바쁘니 그렇다. 늘 일에 쫓기는 입장에서는 부하 직원이 시간을 절약하는 데 일조해주었으면 좋겠건만 현실은 그렇지 않다. 나 역시 직장 생활에서 가장 취약했던 부분이 바로 과정을 뛰어넘으려 안달하는 습관이었다. 일단 바쁘다는 핑계가 압도적이다. 나의 경우 누가 보고를 하던 '본론부터, 결론은 간단하게' 하지 않으면 바로 '그래서 결론이 뭔데?'라는 날카로운 말을 쏟아냈다. 참 고치기 어려운 버릇이었는데 이제 와서 생각해보니 나 스스로 욕심이 앞선 초조함 때문이 아니었나싶다. 과정을 지나치게 생략한 말하기는 여러 가지로 손해라는 것을 나중에야 깨달았다.

부하 직원이 장황하게 보고하면 일단 중간 중간 내용을 요약해서 거꾸로 부하 직원에게 확인시킨다. '지금 얘기는 이렇다는 거지? 그러면 이런 게 필요하겠구나. 그래서 대안은 어떤 거야?'라는 식으로 참을성 있는 대응이 필요하다.

부하가 상사에게 잘 말하는 법

부하 직원이 상사에게 제대로 공감대를 형성하며 대화법에 성공하는 것은 심플하다. 몇 가지 원칙만 지키면 그들을 안심시킬 수 있기 때문이다. 일단 간단한 내용이라도 머릿속으로 말할 내용을 정리한 다음 이야기를 시작해야 한다. 상대가 상사이기 때문이다. 그는 당신을 시도 때도 없이 평가하는 사람이다. 간단한 이야기라도 조리 있고 명확하게 말해야 혹시 다음번에 길게 혹은 장황하게 말하는 상황에서도 신뢰하며 들어주기 때문에 그렇다.

또한 상사는 이미 선배이고 나보다 경력이 많기 때문에 이 정도 말하면 다 알아듣겠지, 라고 생각하는 건 착각이다. 내가 전달하기만 하면 상사가 당연히 이해한다고 생각하는 것도 오해이다. 회사에서 말을 한다는 건 그 말과 시간 자체가 자본이고 돈이기 때문에 프로답게 해야 한다. 속뜻을 말 안 해도 알겠지가 아니라 애매모호하지 않게 명확하게 논리적으로 상대방에게 전달해야 한다. 그리고 반드시 상사가 내 뜻을 제대로 이해했는지를 확인하는 것으로 마무리 짓는다.

말 한마디로 당신은 평가받는다. 말 한마디로 천 냥 빚을 갚는다는 속담은 회사 언어를 두고 만들어졌음이 틀림없다. 말이 자본이고 능력이다.

회사는
가면무도회장 ————————

딸아이와 집 앞 커피 전문점에 갔다. 나는 글을 쓰고 아이는 학교 과제를 가끔 여기서 한다. 집에서 하는 것과는 또 다른 맛이 있다. 늘 이곳은 사람이 많아 자리 확보가 만만치 않다. 어쩔 수 없이 아이와 한자리 떨어져 앉게 되었다. 그런데 화장실에 다녀오니 딸아이와 자리가 나란히 놓여 있다. 옆 자리의 여자 분이 '여기 앉을래?'라며 자리를 옮겨주었단다.

그녀가 자리를 옮겨주는 건 커피 잔을 들고 냉큼 일어나면 되는 일이 아니었다. 전선 코드를 뽑고, 노트북을 들어 옮기고, 가방과 작은 커피

쟁반까지 번잡하게 이리저리 움직여야했다. 고개를 돌려 고맙다는 표정으로 웃어 보이니 쑥스럽게 머리를 끄덕하고선 노트북에 시선을 고정시키는 예쁜 언니. 자신이 자리를 옮겨주면 모녀가 나란히 앉아 함께할 수 있으니 조금 불편한 건 기꺼이 감수해주는 타입인 모양이다.

살면서 아주 작은 배려가 습관이 된 사람과 아예 그게 뭔지도 모르고 관심도 없는 사람이 있다. 회사에서도 마찬가지이다. 배려하는 사람은 끝없이 배려하고 이기적인 사람은 '나 원래 그런 사람이야'라는 소리를 당당하게도 한다. 그러나 모든 인간관계가 회사 생활의 성패를 가른다면 그 인간관계의 가장 기초가 되는 것이 아주 사소한 배려이다. 결국 회사에서 성공은 어떻게 남을 생각하고 대응하느냐에 달려 있다.

어쩌면 회사는 가면무도회장이다

회사에서 어떻게 하면 인간관계에 성공했다고 말할 수 있을까? 가장 단순하게 정리하면 '내 편'이 많아야 한다. 내 편이 많은지 어떤지 잘 모르겠다고? 그럼 내가 늘 남의 편에 기꺼이 서는 사람인지를 생각해보면 정확하다. 자주 남의 편에서 생각하고 이해하고 배려하는지를 곰곰 생각해보면 '아, 내 편이 많겠군'또는 '어쩜 좋아, 내 편이 없어' 둘 중 하나이다.

남의 편에 선다는 건 '내가 원하는 그대로 남에게 해주기'라고 생각하면 된다. 예전에 W 과장이 대표적인 인물이었다. 그는 말이 별로 없고 회사에서도 있는 듯 없는 듯 조용한 타입이었다. 튀는 걸 부끄러워하는 사람이구나 싶었다. 그러나 은연 중 직원들 사이에 인기가 많았다. 어떤 여직원은 그가 '잘생겼다'고 웃으며 말했다. 객관적으로 그는 잘생긴 얼굴이 아님에도 호감은 사람을 잘생겨보이게 한다.

전설처럼 내려오는 W 과장의 스토리 중 대부분은 주로 궂은일에 대처하는 그의 자세였다. 직원 수가 워낙 많다보니 장례식도 자주 발생한다. 그의 장기 중에 하나는 조문객이 거의 없는 쓸쓸한 장례식장을 말없이 돌보는 것이다. 일단 조문객이 없으면 평소의 몇 배나 되는 직원들을 동원한다. 그것도 티 안 나게 물밑 작업처럼. 그리고 장례식장을 내내 지킬 직원을 선별하고, 교대를 시키고, 일사분란하게 움직여 그 직원이 상주로 있는 장례식이 그리 외롭지 않게 만든다. 상주인 직원의 감동은 말해 무엇하겠는가.

기특해서 상사가 수고했다고 나중에 슬쩍 칭찬해도 무슨 소리냐는 표정이 그의 특기였다. 점심을 먹으러 가도 누가 소외되어 있는 건 아닌지부터 챙긴다. 회의가 늦게 끝나거나 전화 상담이 늦어져 낙오자가 있을 법하면 당연히 W 과장은 함께 남는다. '식사하러 왜 안 가셨어요?'라고 늦어진 동료가 물을라치면 '그러게, 일이 늦어졌네. 같이 갈까?'라고 말한다.

내가 받고 싶은 배려를 남에게 그대로 해준다고 하면 딱 W 과장처럼이다. 그런데 그렇게 배려심 깊은 그는 의외로 남의 평가나 시선에 무심하다. '무슨 오지랖이야'라고 입을 삐죽거리는 사람이 있어도 '그런가보다', '정작 일에 신경을 더 써야지'라는 이유 없는 트집에도 픽 웃고 만다.

"사람들 생각이 다 다르잖아요. 왜 일일이 신경 쓰겠어요? 어차피 다른 생각을 가지고 각자 사는 거예요. 자기가 맞다 생각하는 방식대로 말이죠. 정말 내가 잘못했구나 싶은 지적에만 반응하면 되는 거 아닐까요?"

그가 한결같이 하는 이야기이다. 아주 일 잘하고 잘나가는 동료를 봐도 W 과장은 그리 열등감을 느끼지 않는다. 오히려 감탄한다. '진짜 대단하네요' '와, 축하합니다' '어떻게 하면 그렇게 잘할 수 있죠?' 등 거침없이 부러워한다. 너무 잘나가는 동료에 대한 다소의 시기와 질투로 입을 삐죽거리는 직원들을 '왜 저러지?'라는 표정으로 쳐다본다. 그리고 부러워죽겠다는 듯이 당사자에게 손 내밀어 축하한다.

나는 그런 그를 보며 무슨 자신감이 그를 그런 태도의 사람으로 만들었는지 궁금해졌다. 그리고 그 비결이 다름 아닌 긍정적 자기관리에 있음을 알아냈다. W 과장은 종교를 가지고 있지도 않은데 매일 감사기도를 한다고 부끄러운 듯 고백한다. 아주 작은 일에도 감탄하고 감사하고, 너무 고마운 일뿐이라고도 했다. 그 작은 일이라는 건 다름 아닌 소소한 일상이다.

부족한 내가 이런 좋은 회사의 일원이라는 것, 아침마다 부지런히 출근할 직장이 있고 산더미처럼 해결해야 할 일이 있다는 것, 언제나 나를 필요로 하는 사람들이 아주 많다는 것, 회사는 점심밥도, 커피도, 가끔은 술도 무한정 사준다는 것, 매달 하루도 틀리지 않고 그 날짜에 월급을 준다는 것 등등 이런 일이 너무 기쁘다는 거다.

그래서 그는 일이 힘들다고 투덜거리는 사람을 잘 이해하지 못한다고도 했다. 그러나 그렇다고 투덜이들을 비난하지는 않는다. 다만 이해를 못할 뿐. 그리고 고마운 일투성이인 여기서 늘 본인이 할 일은 남의 말을 잘 듣는 것이라고 했다. 본인은 똑똑하지 않으니 말하는 편에 서기에는 부족하고, 듣는 편에 서서 그들이 무엇을 필요로 하는지를 알아채는 능력이 본인의 탤런트라는 고백이다.

W 과장 주변에 사람이 많은 이유가 다 이 때문이었다. 그렇다고 해서 그는 '나 이렇게 인기 있는 사람이요'라고 허세를 떠는 스타일도 아니다. 무슨 일을 하던 그가 부탁하는 일은 모든 부서에서 협조가 된다는 걸 보면 그 주변에 사람이 많은 걸 알 수 있다. 윗사람에게 보고해서 힘으로 찍어 누르고 '봤지?'라고 으쓱대는 건 하수가 하는 일이다. 무림의 고수들은 절대 요란을 떨지 않는다. 남이 알아채지 못하게 나비처럼 날아야 한다. W 과장은 무슨 일이든 조용조용 해결하고 처리하고 성과를

냈다. 그리고 그 공은 다 자기 부서 팀원들과 나눠가졌다. 그러나 직원들은 다 안다. 그 성과의 주인공이 누구라는 걸.

회사에서 사람들과의 인간관계는 행복하게 직장 생활을 할 수 있느냐 없냐를 가르는 중요한 변수이다. 주변에 인간관계를 잘하는 동료들을 잘 관찰하면 그들의 노하우가 쉽게 드러난다. 예전처럼 술 마시며 친해지고 업무를 해결하던 방식은 더 이상 통하지 않는다. 시대에 맞는 관계법을 다시 고민해야 한다.

회사는 어쩌면 가면무도회장이다. 누구도 맨얼굴을 드러내지 않는다. 각자가 원하는 목적을 가지고 각자의 이익을 위해 모인 집단이기에 그렇다. 맨얼굴을 드러내지 않는 건 마음을 보여주지 않는다는 말이다. 거짓을 말하지는 않아도 내 진심이 그들에게 전해지면 약점이 될 수 있다는 피해 의식을 직장인들은 은연중에 가지고 있다. 그래서 인간관계가 더 어렵다.

그러나 나 스스로를 잘 돌보고, 남의 처지를 입장 바꿔 생각해보는 것. 내가 원하는 것 그대로 남에게 베푸는 것처럼 단순한 원리로 회사 내 인간관계는 순조롭게 엮어나갈 수 있다. 회사라는 파티에는 웃는 가면이 좋지 않을까. 행복한 가면을 쓰고 맨얼굴을 찡그리는 사람은 많지 않다. 가면처럼 속마음도 유쾌해져야 회사 무도회가 즐겁다. 이왕이면 날마다 기분 좋게 즐기자. 화려한 가면무도회를.

굿바이 키스와
함께 ———
던질 필요없다

"난리 났다, 회사. 이건 무슨 일이라니?" 회사가 호떡집에 불난 형국이
란다. 다들 아무 일도 없는 척 일하고 있지만 모든 안테나는 윗선에서
이 일을 어떻게 해결할 것인가에 대한 궁금함으로 터지기 일보 직전이
다. 평소 성희롱 수위의 마지막 선을 아슬아슬 넘나들던 임원께서 드디
어 불명예 퇴진에 이르렀다. 하나같이 직원들은 '내 그럴 줄 알았다'라
고 이구동성 침묵 속에 동의하는 걸 보면 그분이 좀 도가 지나쳤던 건
사실이다.

S 그룹 유통업 초기의 모 이사는 성희롱의 황태자쯤 되었다. 회식 때

"유부녀는 저쪽으로, 처녀들은 이쪽으로… 야, 네가 무슨…? 확실해? 어떻게 믿어?"라며 도가 지나친 발언을 쏟아내곤 했다.

지금이라면 난리가 나도 크게 날 일이었으나 20년도 더 지난 그 당시 이 정도 발언은 직원들의 침묵 속에 묻히기 마련이었다. 그는 성희롱을 하면 할수록 자신감이 붙어갔고 그 자신감이 바로 능력이고 권리였다. 아무도 제지하지 않아 본인의 성희롱이 그저 재미와 유머 코드라는 착각을 견고히 쌓았으니 주변의 침묵자들 역시 공범이었다.

그러나 그런 성희롱의 피해자들 역시 대부분 침묵했다. 내 경우도 기분 나쁜 성희롱적인 언어폭력으로 상처받는 일이 때때로 있었다. 그러나 이를 문제로 삼은 적은 거의 없었다. 왜냐하면 그 일을 본격적으로 들춰내 일을 키우고 회사에서 '골치 아픈 존재'가 되는 것에 두려움이 있었던 것 같다. 더 큰 이유는 앞으로 가야 할 길이 창창한데 불미스러운 일로 마찰을 일으키고 싶지 않았다. 나에게 성희롱을 서슴지 않았던 그 인간들에게 다양한 방법으로 소심한 복수를 하는 것으로 참았다고나 할까.

"네가 이렇게 유래 없이 빨리 진급하는 건 미스터리야. 예쁘길 해, 몸매가 좋아? 그렇다고 성격이 여자답기를 하나. 미스터리야, 미스터리."

평소에도 여자 직원에게 피해 의식이 있는지 못 잡아먹어 안달이 난 김 팀장. 다음날 취했긴 했지만 본인이 그런 몰상식한 이야기를 했을 리 없다고 딱 잡아뗀다. 그러면서 실실 웃는다. 2000년대 초반이었으니 그 뻔뻔스러운 태도가 가능했을 터. 지금이라면 크게 책임져야 했을 일인데. '아깝다.' 맥주 한잔 마시고 내 얼굴을 빤히 보며 김 팀장은 분명 그렇게 나에게 말했다. 본인 수하가 진급에서 떨어지고 내가 진급한 일을 '믿을 수 없는' 일이라고 우겨대야 자기 부하한테 덜 미안한가보지. 나는 그렇게 생각하고 쿨하게 그의 성희롱을 무시했다.

그러고 나서 소심하게 복수. 그의 팀이 업무 발표를 할 때 오류를 조목조목 따져 공개적으로 망신을 주는 거다. 김 팀장은 반박할 여지도 없이 얼굴을 시뻘겋게 만들어주는 거지. 내게 성희롱을 하고도 사과하지 않은 대가를 치러야 한다고 생각한 나는 회의 시간에 그를 이 방식으로 갚았다. 성희롱만 가지고도 내 세대에 회사에서 버틴 여자들은 백과사전을 쓸 만했다.

지금 생각하면 그러한 상황 자체는 전부 잘못된 일이었다. 지속적으로 피해자들을 만들어내는 일이기도 했으니까. 회사에서의 성희롱은 성희롱 예방 교육 시간에도 일어난다. 여자 상사가 남자 직원을 상대로 신체의 일부분이라도 얘기했다가는 패가망신을 당한다고 겁을 주는 인사팀 직원이 있었다. 물론 성희롱 교육 도중이었다.

이젠 여자도 성희롱으로 신고 당할 수 있다는 것이 요지였는데 듣다 보니 좀 이상한 점이 있었다. 여성이 성희롱의 가해자가 되는 사례 그 자체가 여성에 대한 성희롱으로 들린다는 점이었다.

'이걸 얘기해, 말어? 이런 얘기까지 하면 여자 상사의 콤플렉스, 히스테리라고 또 덮어씌우겠지? 에라 말을 말자.' 이랬던 경험이 한두 번이 아니다.

"모 여성 부장이 성희롱으로 고소되었어요. 이유는 항상 부하 직원들에게 성적인 모욕을 주는 발언을 했다는 구만요. 김 대리 허리가 그래 가지고 와이프 사랑받겠어? 박 과장은 밤에 허술하겠네, 어쩌구….." 이런 사례들이 마치 농담하는 식으로 히히덕거리며 진행되고 있었다. 말하는 남자 직원이나 듣는 남자들도 "세상이 말세야 말세, 이젠 여자들한테 성희롱 당하는 세상이 왔어. 그러느니 아예…"라며 흐지부지 넘기기 일쑤였다.

뒷이야기는 생략하겠다. 문제는 교육을 하거나 받거나 이 주제가 여성을 희화화시키는 데는 예외가 없다는 데 있다. 성희롱 예방 교육은 교육생의 키득거림으로 그 공기 자체가 성희롱이 되는 경우가 많다.

당당한 나를 표현해야 한다

올해 초부터 한 여성 검사의 용기로 시작된 미투 운동이 들불처럼 번져나간 것은 그동안 억압에 대한 시작에 불과하다. 미투 운동을 지지하기는커녕 비난하는 사람들도 상당수이다. 그들은 진정으로 미투 운동을 인정하지도 이해하지도 않는다. 인터넷 댓글을 보면 아직 멀었다는 생각에 한숨이 나온다.

그러나 이제는 성희롱이나 폭력이 더 이상 발붙이지 못하게 하는 환경이 조성되어 나가는 과정임은 분명하다. 이러한 때 직장 내에서 조성된 분위기는 한번 반짝 미투 운동으로 끝날 것이 아닌, 지속적인 관리와 노력이 투입되어야 유지될 수 있다. 성희롱 예방 교육에서 논리적으로 설명하는 대처 요령은 사실 현실적으로 아무짝에도 쓸모없는 이론뿐인 문장들이 적지 않다. 실전에서 성희롱을 가급적 지혜롭게 대처할 수 있는 방법은 상황에 따라 다르긴 하지만 공통적인 몇 가지가 있다.

우선 비언어적인 표현은 생각보다 대단한 힘이 된다는 사실이다. 다소의 불쾌한 성희롱이었으나 이걸 굳이 정색하며 말로 불쾌감을 나타내기에는 수위가 애매하고, 앞으로 계속 '잘 지내야' 하는 상사고 동료인데 껄끄러워질 것 같은 경우가 있다. 굳이 말로 하기에 심하다 싶으면 표정과 몸짓으로 불쾌함을 반드시 표현해주면 된다.

나는 그 이야기가 상당히 불쾌합니다, 라는 표정과 함께 그 자리를 떠나는 것도 좋은 방법이다. 내가 당신의 체면을 생각해 말은 하지 않지만 당신, 실수한 겁니다, 라는 메시지를 분명히 전달하겠다는 의지가 필요하다.

성희롱을 당했을 당시에는 당황하여 아무런 내색을 못했으나 집에 가도 불쾌하고 열 받는 경우도 있다. 그대로 참고 있으면 병이 된다. 당신이 심리적으로 공격받고 피해를 받았기 때문에 이에 걸 맞는 증거를 남겨두는 것도 필요하다. 가장 공식적인 증거는 당사자에게 메일을 정중하게 보내는 것이다. '이러저러한 당신의 실수로 나는 상당히 불쾌했고 앞으로 그런 일이 두 번 다시 없기를 바란다'가 요지이다.

중요한 건 메일을 보내고 그 사람을 피한다거나 주눅 들거나 화가 나 있다면 그것 또한 '나만 손해'이다. 증거를 남긴다는 것은 공식적인 경고이기 때문에 당신이 주눅 들 필요가 없다. 주눅은 잘못한 사람이 들어야 당연한 거다. 화가 나 있을 필요도 없다. 경고했고, 증거를 남겼으니 쿨하게 평소 하던 대로 지내는 것이 나를 위해 최선이다. 물론 이 단계까지 가기 위해서는 적지 않는 마음 훈련이 필요하다.

비언어적인 표현이나 메일로 증거를 남기는 것으로 끝나지 않는 본격적인 성희롱에는 단호히 대처해야 하는데 이것은 비단 스스로를 위해서만이 아닌 동료나 후배들을 위한 의무 사항이기도 하다. 말은 되도록 현장에서 즉시 하는 것이 효과적이다. '지금 그 말과 행동은 당신의 잘못이고, 나는 불쾌하고, 사과하시오.' 이러한 3단계가 핵심이다.

말을 해야만 하는 상황에서는 단호히 하고 공식적인 사과를 받는 것은 성희롱 당사자와 목격자들이 함께 있는 자리가 가장 좋지만 상황에 따라 이미 그 현장이 해체된 경우라도 일대일로 구두 사과를 받는 데 그쳐서는 안 된다. 반드시 구두 사과와 함께 메일이나 SNS를 통한 사과를 받아두어야 재발 가능성이 현격하게 줄어든다. 그리고 2차 피해를 막을 수 있다.

지금도 성희롱 피해자가 2차 피해를 입거나, 비난당하거나, 가해자보다 오히려 고통당하는 경우를 많이 본다. 마음이 아프다. 그러나 이런 괴로운 과정도 제대로 된 양성 평등의 문화가 정착되기 위한 과도기라 보아야 한다.

예전에는 아무렇게나 예사롭게 겪었던 성희롱 피해가 이제는 상상할 수 없는 범죄로 모두에게 인식되어야 한다. 그래야 건강한 직장 생활이 가능하다. 이는 비단 여자들만의 문제는 아니다. 모두의 과제이다. 최소한 성희롱으로 인해 좋아하는 일터에 굿바이 키스와 함께 사표를 집어던질 일은 더 이상 없는 세상이 되어야 하니까.

Chapter 3

일터,
여자,
가족 그리고

─

나도 엄마는 처음이라서

출근 첫날부터 엉망진창이다. 아직 붓기가 다 빠지지 않은 얼굴은 눈물로 얼룩져 찌그러진 찐빵 같다. 사장한테까지 인사를 해야 하니 울다 말고 파우더를 꺼내 젖은 얼굴에 투덕투덕 바르면서도 눈물이 쉬 그치지 않는다. 그런 그녀를 보고 있기만 해도 한숨이 절로 나온다.

"어떻게 애를 처음 보는 여자한테 주고 나와야 하냐고요? 팔자가 뭐이래? 무슨 부귀영화를 보겠다고 이러고 사는 걸까 모르겠어요."

'너 그렇게 살라고 한 사람 없다'는 소리가 목구멍까지 올라왔으나 오늘은 날이 날이니만큼 꿀꺽 참는다. 그녀는 내 후배 김민정. 까칠한 성격만큼이나 똑 부러지는 일솜씨로 회사에서나 거래처에서도 인정받는 커리어 우먼이다. 그런 그녀가 결혼 4년 만에 딸을 낳았다. 처음부터 결혼할 작정이 아니고 연애만 하기로 한 남자친구와 어느 날 '우리 그냥 같이 살까?'라고 결심한 이후 순식간에 합의를 보고 번개처럼 결혼식을 해치웠다.

초미니 웨딩드레스부터 범상치 않았던 신부. 결혼식장에서 시아버지에게 싸이의 '강남스타일' 말 춤을 함께 추자고 부추겨 하객 모두를 경악시켰다. 그녀는 말 그대로 뭘 해도 튀어야 직성이 풀리는 스타일이다.

이번에도 결혼은 하되 '아이는 없다'로 부부 간에 합의하였으나 세상일이 어디 계획한대로 되던가. 병원에서 '노산'이라는 소리를 지겹게 들어가며 마흔에 드디어 공주를 낳았다. 양쪽 부모님은 연로하시거나 병석에 계셔 결국 베이비시터를 구했는데 마음 같지 않았다. 면접을 보는 족족 마음에 들지 않아 퇴짜 놓기를 거듭했다.

결국 출근 날은 가까워오고 마음은 급하고 겨우 마음에 드는 둥 마는 둥 하던 아주머니가 출근 며칠 전 일방적으로 못하겠다고 통보해왔다. 이 날벼락을 맞는 바람에 출근하는 당일 지인 소개로 처음 얼굴을 본 중국 동포 아줌마에게 아이를 안겨주고 나왔단다. 그러니 눈물이 앞을 가릴 수밖에.

육아 휴직을 생각 안 해본 것은 아니다. 남편조차 육아 휴직을 심각하게 고민했지만 이들 부부는 일에 대한 애착이 남다르다는 게 문제였다. 그들은 육아 휴직으로 인한 경력의 공백을 결코 회복할 수 없는 것으로 받아들였다. 사실이 그랬다. 남자는 공동 육아를 위해 해외지점 발령을 포기하는 것만으로도 목숨을 바친 양 상처가 컸다. 여자는 집안일이 적성에 맞지 않고, 공백으로 인한 진급 누락은 절대 참을 수 없어서 육아 휴직을 포기했다.

민정의 본격적인 고난은 출근 첫 날부터 시작되었다. 사장에게 '컴백'을 보고하면서도, 팀원들에게 그동안의 업무 보고를 받으면서도, 마음과 머릿속은 온통 알지도 못하는 아줌마에게 맡겨놓은 딸에게 가 있었다. '아이를 데리고 도망가 버리는 건 아니겠지? 아이를 엎어놓아서 숨을 못 쉬게 하는 건 아닐까? 우유는 제때 먹이고, 기저귀는 제대로 갈아 주나? 애 옆에다 두고 담배 피우거나 하면? 커피 마시다 애한테 쏟는 건 아냐?'

수 만 가지 생각이 계속 머릿속을 쑥대밭으로 만든다. 결국 웰컴 회식은 다음 주로 미루자고 팀원들에게 양해를 구했다. 직속상관인 본부장에게는 적당히 둘러대고 결국 훤한 오후에 아이가 걱정이 되어 퇴근했다. 뒤통수가 따갑고 자신의 처지가 못 견디게 괴로웠지만 아이 때문에 걱정이 돼서 도저히 자리에 앉아 있을 수가 없었다.

엄마는 괴로워

민정 씨 같은 과정을 워킹 맘들은 대부분 다 거친다. '아이가 눈에 밟힌다'라는 고전적인 용어는 그야말로 시시때때로 가슴을 후벼 파는 현실이다. 나 역시 마찬가지였다. 두 아이의 엄마로서 20년을 훌쩍 넘긴 직장 생활은 여기저기 멍투성이다. 워킹 맘의 공통점은 늘 마음이 바쁘다는 거다. 일단 워킹 맘을 선택하는 여자들은 자신의 가치관에 그 길이 최선이라고 생각하지만 현실은 녹록치 않아 수시로 갈등과 번민을 거듭해야 한다. 아이에 대한 죄책감과 만성 피로, 마음이 늘 벌을 서고 있는 느낌이다.

그러나 육아 때문에 일을 포기하고 싶지 않다. 단순히 자아실현 때문이면 오죽 근사하랴. 맞벌이로 악착같이 함께 벌지 않으면 사실 경제적인 한계에 한숨이 절로 나온다. 결국 가족의 미래를 위해 일을 포기할 수 없다. 아이들을 잘 키우기 위해, 뭔가 더 나은 내일을 위해 직장이라는 이름에 목을 매야 한다.

그래서 워킹 맘들은 지혜로워야 할 필요가 있다. 특히 일을 좋아하는 엄마들이 원하지 않는 퇴사를 피하기 위해서는 미리부터 장기적인 전략이 필요하다. 사이클을 크게 보면 두세 번의 정해진 위기가 찾아온다.

첫 번째는 물론 출산과 함께이다. 저출산 문제가 국가적 재앙으로 인식될 만큼 심각한 현실이다. 그러나 실제 젊은 여성들은 애국심 때문에 아이를 낳아야 하겠다고 고민하지 않는다. 아이를 낳고 아니고의 문제는 전적으로 개인의 인생관에 따라 결정할 뿐이다. 그 결정으로 아이를 낳는다는 건 무한한 희생이 준비되었을 때 가능하다.

아이를 출산했을 때 첫 번째 위기는 온다. 믿고 맡길 베이비시터를 구하는 건 하늘의 별따기이다. 시어머니든 친정어머니든 부모님의 일방적인 희생이 가장 손쉽다. 그러나 그런 복을 아무나 누릴 수 있는 건 아니다. 이도저도 어려운 지경에 이르면 회사를 그만둬야 하는 게 아닌지 고민하기 시작한다. 눈물콧물 짜며 아이와 생이별 해본 워킹 맘들은 모두 그 마음을 이해한다. 이때의 위기는 그래도 간단한 편이다. 운 좋게 마음이 통하는, 뭐 그렇게까지는 아니더라도 맡길 수는 있는 베이비시터와 인연이 된다면 넘어갈 수 있는 위기이다.

또 한 번의 거대한 위기는 아이가 초등학교에 입학하며 찾아온다. 아이가 학교에 들어가는 시즌이 되면 아이보다 엄마가 더 긴장하고 근심 걱정이 하늘을 찌른다. 아이가 학교라는 곳에 잘 적응할지, 친구들은 잘 사귈지, 왕따 문제도 심각하다는데…. 일과 육아 사이에서 아슬아슬 줄타기를 하며 지내다 아이가 초등학교에 입학할 때 무너지는 엄마들이 적지 않다.

이때쯤 되면 드디어 아이를 위해 그만해야 하는 거 아닌가, 라는 회의가 들기 시작한다. 직장 일에 지치고, 여자라 진급도 어렵고, 후배들은 치고 올라오는 딱 그 시점에 아이가 핑계가 되기도 하고 또는 진짜 아이가 절실한 이유가 될 수 있다.

이러한 위기에 넘어지지 않을 장사가 없다. 넘어지지 않기 위해서는 미리 대비를 해야 한다. 아이가 초등학교 입학하기 최소 1년 전부터 초등생들에 대한 정보를 모으고 주변에 아이와 같이 초등학교에 입학할 친구 엄마와 적극적인 친분을 쌓아두어야 한다. 물론 그 엄마는 전업주부인 편이 유리하다. 당신의 정보원으로 우러러 모셔야 하는 분이니 이왕이면 아이들에 대한 교육열과 사교성이 좋은 사람이면 금상첨화이다.

회사에서도 아이가 초등학교에 들어가는 시점에는 부서를 이동하거나 긴 출장, 험난한 프로젝트에서는 일부러라도 피하는 편이 현명하다. 일과 아이의 입학이 무리하게 겹치면 양쪽 다 엉망이 될 수 있기 때문이다. 육아 때문에 출장을 가지 말라고? 그렇다. 초등학교 1학년 때는 방어적인 회사 생활을 미리 계획하는 것도 좋은 방법이다.

말처럼 유연하게 내 직장을 움직이기 어렵지만 한 가지 요령을 말하자면 아이가 학교에 입학하기 전 본인의 실적을 대단히 공격적으로 만들어두는 것이 좋은 방법이다. 스스로를 공격적으로 일에 물불 안 가리는 사람, 유능한 사람이라고 이미지를 만들어놓자는 것이다.

이렇게 아이를 초등학교에 보내기에도 최소 1~2년 전부터 전략적인 준비가 필요하다. 아무 준비도 하지 않고 막상 닥치고 나서 워킹 맘의 직장 환경을 탓해봐야 나만 손해이다. 누구나 엄마를 연습해보지 않고 바로 실전에 투입된다는 점에서 한편으로는 공평하다고 안심이 되기도 한다.

전업주부로 24시간 아이의 성장하는 모습을 옆에서 바라보며 키우는 것도 좋겠지만 이왕 워킹 맘인데 어쩔 수 없지. 일하는 엄마가 아이를 초등학교에 지혜롭게 보내는 문제는 언제부터 어떻게 준비하느냐에 성패가 달려 있다.

초등학교에 입학시켜놓고도 학습 참관이나 교통 봉사 등 이어달리기 식으로 문제에 문제가 연달아 생기기는 한다. 덜컥 학교 개교기념일인데 출장이 잡힐 수도 있다. 워킹 맘으로 산다는 건 어쩌면 인생에서 자주 돌발 퀴즈를 풀어나가는 모습이기도 하다. 그러나 어쩌겠는가. 일도 엄마 역할도 둘 다 포기할 수 없으면 인생 돌발 퀴즈 대회의 달인이 될 수밖에 없다. 두 마리 토끼를 다 잡는다는 보람을 대회 상금으로, 또는 위로로 삼을 수밖에.

착한 엄마,
기권 ———————
합니다

"일하는 엄마들이 키우는 아이들은 그럼 다 아프겠네요. 엄마가 바빠 청소년 시절부터 제 손으로 밥해먹고 다니는 애들은 아예 드러누워야 합니까?"

짜증 섞인 억지소리에 의사는 어이없다는 듯이 나를 건너다본다. 물론 내가 말하면서도 말이 안 된다는 건 알았다. 그러나 억울하다. 뭘 어쨌기에…. 내가 마귀할멈이 된 것만 같다. 애 잡아먹는 마귀할멈. 이미 중학교 때부터 발병했었는지 모른다는, 혼자 있는 시간들이 힘들었을 거라는 의사의 소견에 참고 있던 내 인내심이 드디어 폭발했다.

내 아들은 고등학교 2학년 가을 느닷없이 공황장애가 왔다. 그것도 대한민국 공황장애 환자들 중 상위 3퍼센트 수준으로 심하다는 어마어마한 증상으로 갑자기 쓰러졌다. 무슨 병인지도 모르는 채 기절해서 응급실에 실려 가기를 밥 먹듯 하며 대학병원에서 온갖 검사를 다한 결과 공황장애 판정을 받았다. 한마디로 기가 막힐 따름이었다. 그런 건 연예인들이 앓는 병이라 생각했다. 그런 병이 왜 평범한 내 아들에게 왔단 말인지. 이해 불가였다.

아들의 예기치 않은 병은 그동안 일 때문에 곁눈질 한번 못해본 나를 고스란히 회사에서 물러나게 했다. 회사에서 병원으로 출퇴근도 하루 이틀이지 나의 영혼은 점점 피폐해갔다. 결국 발병한 지 4개월 만에 두 손 두 발 다 들고 20년 넘게 다닌 직장을 그만두었다. 그러고 나서 오로지 아이의 병간호에 매달렸고 아들은 꼬박 3년 만에 완치되었다.

아들의 회복을 위해 퇴직 이후 나는 아이와 모든 시간을 함께 보냈다. 오사카에 가서 한 달, 섬진강에서 보름, 봉화에서 또 얼마의 시간을 그저 흘려보내며 그동안 숨 가쁘게 달려온 내 인생을 되짚어봤다. 나중에 생각해보면 내 자신을 위한 회복 시간이기도 했다. 그리고 일에 미쳐 자신을 방치했다는 분노에 빠져 있던 아들과의 화해의 시간이기도 했다.

엄마 역할에 정답은 없다

워킹 맘이라는 입장에 있으면 자식과의 소통이 가장 걱정스럽다. 아예 대화의 통로가 막히는 경우도 많고 부모 자식 관계가 말라비틀어지기도 한다. 어디 그뿐인가. 타인과의 인간관계 또한 좋아지기보다 결판나는 경우가 종종 있다. 그래서 이래저래 더 힘들다.

대학 동창 수정이는 대학을 졸업하고 석사 과정은 미국에서 마쳤다. 국내 최고 K 로펌에 입사하며 부러움을 한 몸에 받았는데 문제는 하나밖에 없는 아들의 양육 문제였다. 아들은 누구를 닮았는지 지나치게 예민했다. 이따금 바뀌는 베이비시터의 낯선 얼굴에 자지러지게 울고 경기를 하는 바람에 수정이는 아이를 달래기 위해 시도 때도 없이 휴가를 냈다. 일이 이쯤 되니 회사에서도 문제를 삼고 일에 완벽주의자인 그녀는 더 이상 참기 힘들었다.

"엄마, 승우가 초등학교 갈 때까지만 봐주면 안 될까? 애가 너무 불쌍해. 애 봐주는 아줌마한테 도통 적응을 못 하니 말이야."

"애가 불쌍하면 회사를 그만두고 네가 봐야 하는 거 아니니? 엄마는 넌데? 애한테 지금 필요한 게 뭐야? 엄마 아냐? 그런데 왜 너는 그만둘 생각도 안 하고 징징대?"

듣고 보니 친정엄마 말도 맞다. 그러나 수정의 입장에서는 회사를 놓기가 어려웠다. 그만한 직장을 다시 구할 자신도 없고 놓는 순간 사회에서는 은퇴하는 길뿐인 줄 누구보다 잘 알기 때문이었다. 친정엄마의 냉정한 거절에 상처 입은 그녀는 결국 아이를 위해 회사를 그만두었다. 그리고 엄마와는 그 후 10년 넘게 절연하고 살았다.

"사실 엄마 말이 맞았어. 승우는 유별나서 남이 못 키워. 그 덕에 아이가 문제없이 자라서 지금은 그때 판단을 잘했지, 라고 생각해. 그런데 엄마만 생각하면 왜 이렇게 서운하고 마음에 맺힌 게 안 풀리는 걸까? 이상하지. 마치 엄마 때문에 회사를 그만둘 수밖에 없어서 내 인생이 후퇴했다는 느낌? 바보 같지?"

10년이 지나서야 수정은 친정엄마와 서먹하던 사이가 회복되었다. 그녀는 지금도 회사를 생각하면 가슴 한 켠이 아려온다. 그래서인지 때때로 꿈을 꾼다. 그때 계속 일을 하고 성공하고, 목표로 하던 자신의 모습을 완성한 꿈 말이다. 늘 여유가 없는 워킹 맘은 이렇게 부모, 때로는 남편 그리고 또 다른 이들과 양육 때문에 갈등을 겪고 사이가 틀어지고, 상처를 입는다. 표면적으로는 간단한 문제일지언정 일하면서 아이를 키우는 엄마들에게는 멍드는 일이 한두 가지가 아닌 셈이다.

어떻게 워킹 맘으로서 제대로 살아갈 수 있을까? 해답은 사실 케이스별로 다르다. 획일적인 정답이 없는 이유는 '엄마' 자체가 특수 역할이기 때문이다. 그래도 굳이 공통 핵심을 찾아보자면 몇 가지가 있다. 일단 착한 사람이 되기를 포기하라고 이야기하고 싶다. 착한 엄마 콤플렉스가 있다면 일과 양육을 양립하는 건 쉽지 않다. 아니 정확히 말하자면 좋은 엄마에 지나치게 집착하면 본인이 힘들어 포기할 확률이 크다.

워킹 맘들은 아이에게 언제나 죄책감을 느낀다. 전업주부인 엄마보다 제대로 돌봐주지 못하고 있다 생각해서이다. 그러나 일하는 엄마는 단지 엄마만을 위해서 일하고 있는 건 아니다. 아이의 미래도 엄마의 일에 연관이 깊다는 것을 누가 부인할 건가.

착한 엄마가 되기를 포기하면 쓸데없이 죄책감을 느낄 필요가 없을 뿐더러 시간 관리에 있어 보다 철저해질 수 있다. 하루는 어차피 24시간이다. 이 시간을 최대한 효율적으로 쓰기위해 최우선 순위에 따라 시간을 적절히 쪼개야 한다. 일하는 시간을 제외하면 일단 아이들을 위한 시간을 최우선으로 떼어놓는다. 그러다보면 사실 남는 시간이 별로 없다. 만나자는 친구의 전화, 동창회, 회사 내 동호회 활동, 헬스클럽. 사실 다 하고 싶다. 사람 관계를 엄마라는 이유로 다 끊고 살 수도 없다. 그러나 우선순위에서 밀리면 과감히 포기할 건 포기하고 본인에 맞게 집중할 것은 순위별로 야무지게 챙겨야 한다. 그래야 진정 중요한 내용을 잃지 않는다.

내가 생각하는 최우선 순위는 당연히 일보다 아이들이다. 일을 제쳐 놓고 아이를 챙기라는 의미가 아니다. 하루 중 아이들과 집중해서 만나는 시간을 반드시 확보하라는 이야기이다. 일 때문에 아이가 어떤 상황인지를 며칠이고 방치하는 건 최우선 순위를 절대 무시하는 행위이기 때문이다.

예를 들어 하루 30분 아이랑 이야기하겠다고 결심하면 무조건 그 시간을 위주로 나머지 시간을 조정한다. 또한 그 30분 이외 시간 중에도 하루 한 번 이상은 전화나 문자를 통해서라도 아이와 대화를 시도해야 한다. 엄마가 일하는 중에도 너를 가장 중요하게 생각하고 있다는 믿음은 아이에게 많은 안정감과 신뢰를 준다. (아이를 다 키우고 나니 이 부분이 가장 후회된다. 오만했던 나는 출근해서는 일만 하고 아이들 생각은 눈곱만치도 하지 않는 것이 프로답다, 라고 착각했다)

마지막으로 회사에서의 이미지 메이킹이다. 육아를 일과 병행하는 워킹 맘은 어느 정도 선입견을 감수해야 한다. 남자보다 일에 집중도가 약할 거라는, 아이 때문에 출장이나 야근이 어려울 거라는 고정관념이 바로 그렇다. 의도적으로 그런 선입견이 깨주는 편이 두고두고 편하다. 회사에서는 야근이나 출장이 문제되지 않는 직원이라는 점을 적극적으로 평소에 어필해야 한다. 급한 출장이나 돌발 사태의 야근도 구시렁거려서는 안 된다. 프로답게 거침없이 일한다는 이미지가 비단 이미지로 끝나서도 곤란하다. 실화여야 한다는 말이다. 단, 아이문제로 야근이나 출장이 어려울 때는 당당히 안 된다고 양해를 구해야 한다. 비굴할 필요 없다. 그래서 평소에 최선을 다하는 근무 태도가 중요하다.

싱글인 그들보다, 애 아빠들인 동료에 비해 이미지로 보험을 들어놔야 하는 이유는 긴급할 때 보험금을 타듯 시간을 활용해야 하는 일이 반드시 생기기 때문이다. 엄마라서 그렇다. 이렇듯 프로다운 직장인이라는 이미지를 견고히 평소 만들어놓으면 일하는 엄마라고 눈물겨울 필요 없다. 때때로 자신에 대한 연민에 빠져 남편을 째려볼 일이 아니다. 내가 선택한 일이고 가정인데 이렇듯 최선을 다해 방법을 찾으면 된다. 그러니 일하는 엄마라고 힘에 겨워 신파 소설 쓰기 있기, 없기?

트렌드를

읽는

남자

"아내가 아이를 원하지 않았어요. 그걸로 신혼 초에 많이 다퉜거든요.
결국 아이는 내가 알아서 키울게 낳기나 해, 라고 호언장담하고 아이를
가졌는데 생각보다 훨씬 어렵네요. 맞벌이하며 애 키우는 게 말이죠."

현 대리는 아빠가 되고 살이 쑥 빠졌다. 유쾌한 천성의 그가 매일 수
면 부족과 만성 피로에 시달리며 토끼 눈을 해서 출근하니 일이 제대로
될 리 없었다. 엎친 데 덮친다고 현 대리 아내는 산후우울증에 시달려서
아이를 외면하고 늘 눈물만 흘린다고 했다. 산후우울증은 대부분 여자
들이 앓는 증상이고 시간이 지나면 해결된다는 워킹 맘들의 얘기에도

그는 전혀 위로받지 못하는 듯했다.

현 대리는 동갑내기 동창과 결혼했다. 워낙 일 욕심이 많은 그녀는 광고회사 AE로 유명세를 타며 광고계의 귀한 몸이 되고 있었다. 그 와중에 아이를 낳고 평소 원하던 회사에서의 스카우트 제의를 한 방에 날려버려 우울증이 심해졌다는 것이다. 상황이 이렇게 되다보니 현 대리는 퇴근 시간이 되기 무섭게 집으로 달려가 베이비시터와 바통 터치. 아내의 밥을 챙기고 밤낮을 뒤바꾼 갓난아이를 안고 어르는 일로 번번이 밤을 새운다.

다시 일터로 돌아가지 않으면 우울증이 낫지 않을 거라는 아내의 협박 때문만은 아니었다. 일단 양가 어른들은 육아에 도움을 줄 수 있는 상황이 아니었고 베이비시터도 마음에 마땅치 않았다. 제일 큰 이유는 애기가 너무 예뻐서 하루하루 자라는 순간을 보지 않으면 너무 억울할 것 같더라나. 결국 현 대리 본인이 육아 휴직을 결심하게 된 이유이다. 정확히 말하면 육아 휴직이 아닌 퇴직이었다.

그는 육아를 위해 퇴직했다. 그리고 예쁜 아들이 크는 모습을 날마다 카메라에 담고 전담 주부 역할을 했다. 원래 디자이너였던 그는 중간 중간 재택근무를 하며 그 분야를 연구하더니 3년 후 다시 사회에 복귀했다. 결과만 놓고 보면 잘된 일이지만 그는 당시 탈모가 생길만큼 고민하고 힘들었다고 한다.

30대 한창일 때 자신만 퇴보하는 건 아닌지 과연 잘한 결정인지를 말이다. 그러나 인생이란 길게 봐야 한다. 이제는 초등학생이 된 아들을 보며 그때가 가장 행복했고 충만한 시간이었다고 고백한다. 아이를 키우는 일은 축복임에 틀림없다.

현 대리의 케이스는 사실 드물다. 그러나 맞벌이를 해도 엄마 혼자 육아를 책임지는 시대는 분명히 지나갔다. 시대가 변한 것이다. 불과 얼마 전까지만 해도 여자들이 일방적인 희생으로 일과 독박육아에 녹초가 되었다면 이제는 육아 대디, 워킹 맘이 공동으로 육아를 나눠야 하는 세상이 되었다. 보다 효율적으로 엄마 아빠가 함께하는 육아 전략을 세워야 한다. 특히 엄마의 경우 회사에서 보다 당당하게 일할 수 있으려면 남편이 훌륭한 파트너가 돼주어야 한다.

육아 대디가 된다는 것에 관하여

과장 시절 딸아이가 폐렴에 걸려서 일주일을 꼬박 입원한 적이 있다. 정확히 따지고 들자면 맞벌이 부부니까 3일씩 긴급 휴가를 내고 간호에 투입되는 것이 맞다. 그러나 내 경우가 아니더라도 그렇게 일을 싹둑 나누는 맞벌이 부부는 아마 없지 않을까 싶다. 일단 내 남편은 그런 분담은 상상할 수도 없다. 그러면서 하는 말이 더 가관이다.

"내가 어떻게 휴가를 내? 바쁘다니까."

"그럼, 나는 안 바빠? 나는 애 아프면 막 휴가 내고 당신은 안 되고?"

할 말이 없어진 남편의 다음 공격은 더욱 비논리적이다.

"애가 아픈데 엄마가 있어야지. 애가 엄마만 찾지 내가 무슨 소용이야?"

말을 말자. 상대가 돼야 말도 하는 거지. 회사에 전화로 팀장에게 전후 사정을 설명하고 출근 불가를 설명했다. 대답은? 말없이 전화를 끊어버렸다. 팀장이! 못마땅한 게다. 애가 얼마나 아프냐고 물어보지도 않는다. 바빠 죽겠는데 회사를 비우는 것만 짜증난다는 거다.

일주일 내내 나는 아픈 아이한테 시달리며 파김치가 되고 회사 팀장에게는 죄인이 되고, 그 화풀이로 남편을 원망했다. 왜 똑같이 직장 생활하며 나만 피해를 보고 아빠인 당신은 아무 일 없다는 듯이 회사에 집중할 수 있냐는 말이다. 지금도 당시 나 같은 성향으로 지내는 맞벌이 부부들이 있겠지만 이것은 결코 바람직하지 않다. '공동 육아'만이 경쟁력 있는 맞벌이부부를 만든다.

한 가지 상황을 예로 들어보자. 아침에 회의실 풍경. 모두들 커피 한 잔씩을 손에 들고 회의실로 모인다. 본격적으로 회의가 시작되기 전 이런저런 가벼운 농담들이 오간다. A 과장이 아내에게 사정이 있어 내일 유치원 픽업을 본인이 가야 한다고 푸념한다. 이를 듣고 있던 동료들은 돈 버는 아내만 있으면 매일이라도 가겠다는 둥, 복이라는 둥 웃어가며 그의 '업무 중 외출'을 당연시한다. 아주 관대하다.

상황을 바꿔보자. 똑같이 유치원 아이를 갑자기 픽업하게 된 우리의 워킹 맘 B 과장. 회의 시간에 웃어가며 픽업 가야 한다는 얘기는 아예 꺼낼 엄두도 내지 않는다. 그냥 조용히 상사에게 가서 사정조로 외출을 허락받는다. 허락해주는 상사가 역시 워킹 맘들은 업무에 방해를 받는 군이라고 생각할까 조바심을 내며 말이다.

이 두 가지 차이는 쉽지 않지만 차츰 극복될 수 있다. 빠르게 사회 환경이 변하고 있기 때문이다. 일단 도둑이 제 발 저리는 것처럼 워킹 맘은 육아 문제를 회사에서 거론하는 것 자체에 주눅이 든다. 그래서 남편의 적극적인 육아 참여는 더욱 필요하다. 워킹 맘인 아내를 제대로 일할 수 있도록 사회에서 세워주는 역할도 육아 대디여야 가능하기 때문이다.

남성의 육아 참여와 적극성에는 사회 분위기상 부정적인 시선이 적다. 오히려 권장하는 분위기가 이미 조성되고 있다. 각종 TV 예능 프로그램에 유명인들의 육아는 이미 단골 레퍼토리가 되었다.

직접 기저귀를 갈고, 이유식을 만들고, 각종 육아 정보를 진지하게 섭렵하는 유능한 아빠들이 등장한다. 엄마를 대신하는 보조적인 성격이 아니라 제대로 아이를 돌볼 줄 알아야 좋은 아빠라고 은연중에 강조한다. 이뿐만이 아니다. 아내를 대신해 몇 년간 육아 휴직을 내고 육아 책까지 출판하는 프로 아빠들까지 인기를 모으고 있다.

부부 공동 육아가 절실한 가장 현실적인 이유는 비용과 열악한 육아 환경 때문이다. 사실 아이를 마땅히 돌봐줄 곳을 찾지 못한다. 양가 부모님도 여의치 않으면 생판 남에게 맡겨야 하는데 비용부터 시작해 마음이 맞는 베이비시터를 구하기란 하늘의 별따기라고 할 수밖에. 월급쟁이 워킹 맘 입장에서 보면 차라리 베이비시터의 급료가 더 낫겠다는 생각에 한숨부터 나온다. 주 5일 하루 10시간 아이를 돌봐주는 비용으로 40만 원. 한 달이면 160만 원 이상을 고스란히 지불하며 일과 육아에 시달리는 사람들이 바로 워킹 맘이다.

부부의 공동 육아는 휴일과 연월차, 정기 휴가 등을 이용해 마음먹기에 따라 여러 효율을 낼 수 있다. 그러나 부부가 함께하는 시간이 줄어들고 직장, 육아, 집안일로 인해 삶에 지치게 된다. 이런 부작용을 최소화하기 위해 아빠가 육아에 대한 적극적인 호기심과 긍정적인 마인드를 갖는 것이 가장 중요하다.

아빠가 된다는 것, 아이의 성장 과정을 최대한 함께하며 지켜본다는 것에 인생의 가장 큰 가치를 두지 않으면 육아 대디로 살기 쉽지 않다. 아내와 함께 아이를 키우며 좋은 아빠가 되겠다는 진정성, 내 아이를 위해 좀 더 나은 세상을 만들겠다고 마음먹는 출근길, 이런 남자들이 앞으로의 사회를 주도한다. 남자가 애를 보며 성공을 어떻게 하냐고 말하는

남자야말로 사회에서 성공하기 어렵다. 트렌드를 읽을 줄 모르는 사람

이 어찌 성공하겠느냐 말이다.

당신에게 늘 미안합니다

"별일 없나?"

"응."

"애들은?"

"애들도 뭐, 각자 바쁘지."

"그래? 알았어."

무심히 전화를 끊는 나를 보며 점심 먹던 직원들은 어이없는 표정으로 바라본다. 분명히 남편한테 온 전화인데 그 내용이 가관이라고 느꼈나? 하루 이틀도 아닌데 아직도 적응 안 돼? 주말 부부 아니다, 별거 중인 부부 더군다나 아니다. 다만 집에서 얘기할 시간이 없는 거지. 막간을 이용해 이런 식으로라도 서로 잘 지내고 있는지를 체크하는 거야, 체크.

"왜? 시간 없다. 빨리 먹고 가자." 어깨를 한번 으쓱해주고 겉절이를 척척 얹어 칼국수를 후후 불며 먹는다. 나는 사람들에게 주로 독신으로 오해받았다. 정확히 말하면 '일밖에 모르고 성격도 까칠해서 결혼 못한 여자'일 거라는 추측을 늘 받아왔다고나 할까? 몇 번 만난 사람에게 멀쩡한 남편도 있고 아이도 둘씩이나 있는 유부녀라는 사실에 '아니, 결혼은 언제하고 애는 언제 낳았어요?'라는 이상한 질문을 받곤 했다.

30~40대를 관통하는 동안 가족을 이루고 살면서 부모님께 아이들을 살뜰하게 키워 주십사 맡겼고, 살림은 지저분한 꼴을 못 보는 남편이 최소한의 분량만 주도했다. 나는 집에서 잠만 잤다. 그때는 그것이 잘하는 일이라 여겼다. 회사에서는 프로젝트 성공과 승진과 특진에 목숨을 걸었고, 여성 최초 과장, 부장을 거쳐 임원이 되는 것이 내 인생 최고의 가치였다.

그러나 소원 성취하듯 임원 자리까지 거머쥔 이후 청천벽력같이 아들의 공황장애라는 병마 때문에 내 인생 전체에 급제동이 걸렸다. 그리고 가족에 대한 나의 모습을 통렬히 반성하는 나날이 그 후 한참 이어졌다.

아들의 치료를 위해 회사를 그만두었다. 그리고 본격적으로 팔자에도 없는 전업주부 흉내를 내기 시작했다. '참나. 복에 겹지? 당신?' 속으로 중얼대며 아침마다 야채주스, 마주스, 홍삼, 꿀에 절인 마늘을 들이댔다. 저녁이면 밥을 시간에 딱 맞춰 하고 된장찌개를 끓이고 생선을 구웠다. 처음에는 마누라 성의를 생각해서 웬만하면 일찍 들어와 밥을 먹던 남편은 그다지 행복해 보이지 않아 이상했다. 어색하고 불편해 보이기까지 했다. 그리고 하는 말, "하던 대로 해라, 엉?"

오 마이 갓! 결혼한 지 20년이 넘도록 살림을 안 하던 아내가 변하면 남편은 불편하다. 이미 서로의 회사에 인생 대부분을 내어주고 독립적으로 살던 우리 부부는 친밀감 대신 각자의 시공간이 더 중요한 사이가 되어버린 것이다. 아주 오랜만에 만난 이보다 어제 만난 친구와 할 말이 더 많은 법이다. 소소한 내용에 대한 공유가 없던 남편은 먼 친척인양 서먹하다.

정반대가 되는 경우도 있다. 캠퍼스 커플로 학교가 들썩하도록 연애를 한 후배 커플이 보란 듯이 같은 회사에 입사했다. 그리고 결혼하려 입사했냐는 질투 어린 농담을 들어가며 입사 1년 만에 전격 맞벌이 부부가 되었다. 처음에는 좋았다. 남자가 군대 갈 때 여자가 울다 기절했다는 전설이 내려올 정도로 죽기 살기였던 커플이 오죽했겠는가.

그러나 장밋빛 부부 생활은 오래가지 못했다. 회사에서 점심 먹는 멤

버부터 메뉴까지 체크하는 아내, 퇴근 후 팀 단위 회식을 못마땅해 하는 남편. 그들은 서로에게 시시콜콜한 내용까지 서로 간섭하고 참견하고 불평했다. 회사 일을 집안까지 끌고 들어가 싸우고 주말이면 주말대로 본인이 원하는 시간을 상대에게 강요했다. 결국 '너무 사랑해서' 헤어지네 마네 울고불고 하다가 아내의 이직으로 잠시 잠잠했지만 여전히 그들은 서로의 자유를 구속하며 아슬아슬하고 피곤하게 산다.

부부의 또 다른 이름, '전우'

부부가 결혼 생활 동안 함께 밥을 먹고, 눈을 맞추고, 손을 맞잡고, 이야기를 나누는 시간이 얼마나 될까? 더군다나 대한민국처럼 일중독에 시달리는 직장에서 맞벌이 부부에게 허락된 시간은 그리 많지 않다. 이런 상황에서 지혜롭게 '행복한 맞벌이 부부'로 스토리를 만들자면 적지 않은 노력이 필요하다. 그 노력의 첫 단추가 '부족한 시간'이 행복을 방해하지 않도록 조심하는 것이다.

무엇보다 작은 것에 자주 함께 기뻐해야 행복한 부부 관계가 유지된다. 그러기 위해서 함께 있는 시간이 많아야 하는데 맞벌이 부부에게는 쉽지 않다. 함께 있는 시간도 기쁘기보다 밀린 집안일과 아이들 치다꺼리에 서로 짜증내기가 오히려 쉽다. 집에서도 바쁘고 시간도 없다. 이러다보면 서로에 대한 마음도 점점 삭막해진다.

이럴 때 하루에 한두 번 반드시 배우자에게 시시콜콜한 소식을 전하자. 미팅으로 정신없이 바빠서 답장이 오지 않더라도 괜찮다. 그저 예전 사진 한 장을 투척하며 파이팅을 외쳐보는 것도 좋다. 3초간 빙그레 미소를 지을 수 있는 찬스를 배우자에게 선물한다고 생각하면 된다. 어쩌다 커피 쿠폰을 함께 날리면 더욱 좋다. 소소한 행복을 공유하는 건 노력이 필요하다. 그러나 노력에 비해 효과는 기대 이상임을 보장할 수 있다.

처음에는 영원할 거라 서로 우긴다. 그러나 변하는 게 사랑이다. 왜냐하면 사랑이라는 이름으로 상대방에게 함부로 하기 때문에 변한다. 부부의 개념이 무엇일까. 중간에 각자의 행복을 찾아 헤어지지 않는다면 최소 50년을 함께 살아야 하는 관계인데 사랑만으로 그 세월을 살 수 있을까. 맞벌이하는 인생은 또 얼마나 고단한가. 차라리 사방에 총알이 빗발치는 전쟁터에서 최후의 고지를 함께 사수하는 '전우'라고 하는 편이 더 공감되지 않을까? 오래 함께 지내기에는 사랑보다 존중과 배려가 더 우선일지 모른다.

작은 것에 함께 기뻐하도록 노력하면서도 명심해야 할 것은 사람의 천성은 절대 변하지 않는다는 사실이다. 있는 그대로 인정해야 한다. 상대방에 대해 도저히 이해할 수 없는 일은 그냥 이해하지 말고 받아들이면 된다.

보통 남편의 낚시나 골프 취미 때문에 이혼하는 커플을 본다. 쉬는 날마다 뛰쳐나가는 남편을 아내는 참지 못한다. 남편이 좋아하는 그 취미를 줄이거나 그만두라고 말하는 건 폭력에 가깝다. 차라리 그 시간을 잘 보낼 수 있는 자신만의 취미 생활을 만들어야 한다.

남편도 마찬가지이다. 주말에 밀린 잠을 몰아 자는 아내, 정리 정돈이나 살림에 도통 취미가 없어 폭격 맞은 듯한 집안 꼴을 가지고 아내를 비난할 일이 아니다. 천성은 변하지 않는다. 정 답답하면 본인이 직접 치우거나 다른 쪽 비용을 줄여 도우미를 쓰는 편이 쉽다. 남편이든 아내든 서로를 바꾸려 하지 말고 서로에게 맞춰가며 마음을 비워야 행복해진다.

사실 모든 것이 맞벌이든 아니든 부부 생활은 마찬가지이다. 그러나 굳이 맞벌이 부부가 유난히 더 신경 써야 하는 부분은 각자의 시공간에 대한 인정이라는 부분이다. 육아를 겸하는 맞벌이 부부는 이유를 막론하고 피로도가 높기 때문에 각자의 시공간이 더욱 필요하다. '너만 힘드냐?'보다 '가엾다. 미안하다'라고 언제나 생각하면 자연스럽게 배우자의 시공간을 확보해주고 싶어진다. 직장 일에 몸도 마음도 지친 그대가 집에서도 쉴 틈이 없다는 것은 누구보다 배우자가 제일 잘 안다. 내가 두 배 더 힘들더라도 사랑하는 사람을 위해 가끔은 혼자 쉬게 해주자. 그런 선물 같은 배려는 웬만한 보약보다 낫다.

소소한
행복은 ————————
소소하지 않다

대한민국에서 직장 생활을 한다는 의미는 '일만' 해도 지치고 하루가
다 간다는 뜻이다. 그래서 '일' 이후에는 쉬어야 한다. 맛있는 음식을 먹
고, 드라마도 보고, 음악을 듣거나 책을 보고, 친구를 만나 수다를 떨기
도 하고, 건강을 위해 규칙적인 운동을 하면 좋다. 모두의 꿈이다.

그러나 맞벌이 부부의 현실은 좀 다르다. 육아를 겸하고 있는 맞벌이
부부가 가장 하드코어이다. 저 출산이 국가적 재앙이라는 우려가 많지
만 맞벌이 육아 또한 '재앙'에 가깝다고 생각하는 이들이 많기에 저 출
산 문제는 아직도 진행형이고 심화되는 중이다.

일단 퇴근시간이 늦다. 적어도 7~8시가 넘어야 아빠든 엄마든 집에 도착한다. 그리고 저녁식사를 준비해야 하고, 세탁, 청소, 아이들 목욕시키기, 조금 더 크면 숙제 챙기기가 기다리고 있다. 반복되는 하루의 일과이다. 때때로 아이가 아파서 한밤중에 응급실에 달려가기도 하고 고열에 쩔쩔매느라 밤새 아이를 안고 달래기도 한다. 인생을 살아가는 과정이기는 하지만 시간도 체력도 바닥을 내는 맞벌이 부부의 과제는 끝이 없다.

호주 국립대 연구팀은 격무에 시달려 가족과 함께할 시간을 내지 못하는 사람들은 자녀들 정신 건강도 위협 당한다는 연구 결과를 내놓았다. 부부의 과중한 업무, 긴 근무시간, 고용불안이 있을 때 자녀들의 정신 건강 문제가 자주 발생한다는 유감스러운 결과이다. 굳이 어려운 연구 결과를 인용하지 않고 상식적으로 따져볼 때도 충분히 그럴 만하다.

부모들이 가정과 일터의 책임을 마치 곡예하듯 어렵게 해내면 피곤하고 스트레스를 받으니 좋은 얼굴만으로 자녀를 대하기 힘들다. 짜증을 내고 때때로 아이들에게 화를 풀기도 하며 방치하는 일도 있다. 그래서 특히 일하는 엄마들은 공통적으로 자신이 나쁜 엄마라고 느낀다. 그래서 늘 마음이 편치 않다.

톨스토이의 《안나 카레니나》는 다음과 같은 의미심장한 문장으로 시작한다. '행복한 가정들은 모두 비슷비슷하다. 불행한 가정들은 모두 제각각의 이유로 불행하다.' 워킹 맘, 육아 대디는 언제나 한가하거나 편안한 느낌을 갖기 쉽지 않다. 특히 시간과 공간에 자유가 없다고 생각하기 때문에 24시간 계속 피곤하거나 지쳐 있다. 문제는 지친 에너지는 가족들 전체에게 영향을 끼치며 이는 모두에게 좋을 일이 없다. 그래서 맞벌이 부부 가족에게는 지혜로운 원칙들이 필요하다.

우선 파트너를 향하여 '당신이 더 힘들다'라고 인정하는 일이다. 우리는 보통 힘들어지면 파트너에게 더 많은 것을 기대하고 요구하게 된다. 서로 지쳐 집에 왔을 때 나보다 당신이 빨리 움직여주길 원한다. 여기서부터 문제가 시작된다. 남편과 아내가 퇴근해서 들어오면 무엇보다 '하루 힘들었지? 피곤하지? 수고 많았어요'라는 위로의 말을 건네자. '뭐하느라 이렇게 늦어?''빨리빨리 청소 좀 해. 빨래 좀 널어. 애들 좀 봐'라는 짜증 섞인 명령조의 대화는 상황을 악화시킬 뿐이다.

다음으로 집안일을 서로 나눌 때 내가 70퍼센트를 담당한다, 라고 마음먹어야 한다. 실제 대한민국에서는 아내가 남편에 비해 훨씬 집안일을 많이 한다. 맞벌이도 마찬가지이다. 그러나 그런 사고방식은 불행한 가정을 만드는 지름길이다. 가정이 엄마의 일방적인 희생으로 꾸려지던 시대는 이미 지났다. 그렇다고 무를 자르듯 공평하게 반씩 하겠다는 마음도 상대방에게 쉽게 분노하거나 서운할 수 있다. 중요한 건 감정적인 여유 공간을 넉넉하게 만들어두는 것이다. 그 공간이 바로 '절반보다 내가 더 많이'라는 마음이다.

지금 이 순간에도 워킹맘은 갈등한다

해도 해도 끝도 없고, 표시도 잘 나지 않지만 하지 않으면 안 되는 집안일. 그러나 시간도 부족하고 체력도 딸리기 때문에 가족 모두의 이해와 도움이 필요한 일이 우리에게는 참 많다. 이 경우 가족 모두가 함께 공감하고 합의를 보는 일은 평화로운 가정을 위해 참 중요한 요소이다.

'가족회의'라는 형식은 맞벌이 부부에게는 맞춤형이다. 가족이 모인 자리에서 엄마 아빠의 가정 일을 분배하고, 아이들도 자발적으로 부모를 도울 일을 스스로 정하게 하고, 전업주부보다 손이 덜 미치는 부분에 대해서는 아이들의 이해와 협조를 정중하게 구해야 한다. 엄마의 상황을 이해시키고 도움을 요청하는 일은 그저 피곤해서 '빨리 해, 말 시키지 마, 그냥 하라는 대로 해'라는 식의 일방통행과는 질적으로 다른 결과를 가져온다.

그렇다고 해서 일이 줄어들지는 않는다. 여전히 피곤하다. 게다가 살면서 한 번씩 예외적인 돌출 상황이 벌어진다. 아이가 아픈데 출장을 가야 하거나, 부모님의 병환으로 병구완을 해야 하는 등 빡빡한 스케줄 속에 이러한 복병은 부부 사이를 금이 가게 한다.

이 상황에서 서로에 대해 '괜찮다'라는 위로가 중요하다. 자책할 일이 아니라는 것을 분명히 서로 공감해야 한다. '적당히 나빠도 어쩔 수 없다'라고 생각해서 마음의 짐을 더는 일은 절대 무책임한 일이 아니다. 인생은 길기 때문이다.

하나 더. 시간이 부족하기 때문에 집중하는 습관을 들이면 좋다. 회사에서는 집안일을 걱정한다. 유치원에 있는 아이를 걱정하고 병원에 입원 중인 부모님 때문에 마음이 불편하다. 또 집에 와서는 회사 업무를 걱정한다. 내일 아침 프레젠테이션, 미팅 준비를 걱정하느라 머릿속이 와글와글하다. 안 그러리라 노력해도 어렵다. 이는 가장 최악의 생활 방식이다.

아이와 함께 있을 때는 무조건 눈을 맞추고 최선을 다해 놀아줘야 한다. 잠깐이라도 집중적으로 사랑을 퍼붓고 스킨십을 하며 놀아주는 것은 하루 종일 아이에게 붙어 있으며 전화 통화하고 스마트폰으로 인터넷 검색하는 행동보다 훨씬 아이에게 유익하다. 짧은 시간이지만 어떤 전업주부보다 아이에게 효과적으로 놀아주는 엄마가 되었다는 마음 하나만으로 충분히 자기 만족감도 얻을 수 있다.

아이에게 집중적으로 사랑을 퍼붓는 것 못지않게 스스로를 위해서도 진하게 쉬어보는 것이 좋다. 남편과 아내가 때때로 서로에게 완전히 아이와 가정을 맡기고 나서 홀로 자유가 되어보는 이벤트도 건강하다. 집중해서 그 시간을 사용하고 자유로워지기. 바로 이것이 맞벌이 부부의 키워드이다.

전통적인 예전 가정의 모습은 어쩌면 전업주부인 어머니의 일방적인 희생을 연출하고 있는지도 모르겠다. 그러나 여성 인력들이 사회 전면에 고루 자리 잡고 앞으로 그 수효가 더 많아지며 가족의 모습도 자연스럽게 달라졌다. 일방적인 어머니의 희생으로 유지되었던 가족들의 생활이 이제는 서로 조금씩 희생하고 양보하고 지혜롭게 퍼즐을 맞추듯 협력하지 않으면 행복한 가정생활이 어렵다는 뜻이다.

지금 이 순간도 많은 여자들은 갈등하고 있다. 아이를 남의 손에 맡기고 사회 생활하는 것이 과연 잘하는 걸까. 남편과 아이에게 시장에서 사다 냉장고에 며칠 묵혀둔 반찬에 인스턴트 음식으로 끼니를 해주면서까지 이 일이 의미가 있나. 무슨 부귀영화를 보겠다고 아이들을 내팽개쳐 두고 매일 미친 여자가 널뛰듯 그렇게 살아야 하나. 그러나 지금 당신이 무슨 일을 하고 있든 그 일은 빛나고, 가치 있는 일임에 틀림없다.

단, 위에서 콕 집어 이야기한 작은 원칙들로 가족을 최고의 동료로, 또 전우로 만들어 행복한 가정의 울타리를 지키자. 인생은 큼직하고 커다란 것만 의미 있는 건 아니다. 소소한 행복은 결코 소소하지 않다.

그녀는
왜 하는 일마다 ————
잘될까?

"하루라도 오늘 정말 좋았다, 라는 날이 있었으면 좋겠어. 매일 지옥
같아. 집에 와서 잠자리에 들면 내일 또 저 회사를 어떻게 나가나 암담
해."

화장실에서 또 질질 짠다. L 선배가 이럴 때마다 나는 화장실에 끌려
들어와 망을 보든, 얘기를 들어주든 아무튼 함께 버텨야 한다. 내가 콩
쥐처럼 착해서 자발적으로 곁에 있는 건 아니다. 그녀가 사수이기 때문
에 어쩔 수 없다. 매사에 당당하고 거칠 것 없던 선배가 예기치 않은 위
기를 만난 건 팀장이 새로 바뀌면서부터였다. 그 당시 나야 막내 주임이

었으니 그저 하라는 일만 눈썹 휘날리게 하면 되는 시절이었다. 그러나 L 선배는 그야말로 천적을 만난 듯했다.

"매일 변함없이 저 인간이 싫은 걸 보면 나도 참 꾸준한 사람인 거 같아. 어쩜 저렇게 안 맞니? 출근하면서부터 퇴근 때까지 단 한 번도 맞는다 싶은 적이 없어."

선배는 이를 박박 갈았다. 그도 그럴 만한 것이 나처럼 신입 직원이 봐도 팀장이 너무한다싶게 L 선배를 타깃으로 못살게 구는 듯했다. 유능한 선배로서도 감당하기 어려운 미션을 금요일 저녁이나 토요일 오전에 던져줬다. 일을 잘하면 잘해서 심통, 못하면 너 잘 만났다는 식으로 본격적으로 괴롭혔다. 당연히 팀 분위기는 점점 서먹해지다 못해 험악해지기까지 했다.

그러던 어느 날, 팀장은 담당 임원으로부터 꽤 중요한 지시 사항을 받았다. 그것도 분초를 다투는 긴급성이었다. 팀장이 맡은 파트 중에 제1파트의 소관이었다. 그러나 그들만으로 해결하기에는 사람 숫자가 부족하고 마감에 맞추기마저 요원한 상황이었다. 웬만해선 당황하지 않는 팀장이 얼굴이 하얗게 질리고 허둥대기 시작했다. 외국에서 손님이 오기 전에 마쳐야 하는 시장조사 보고서까지 겹쳐 정신이 혼미해져 있는 그때, 제3파트의 L 선배가 나섰다. 그것도 월차 휴가까지 취소하고 말이다.

선배 밑에 있는 나와 다른 직원 하나까지 당연히 강제 차출. 야간 연장전 돌입을 시작으로 회사에서 새우잠을 자며 일주일 꼬박 밤을 새우다시피해서 결국 그 미션을 수행했다. '까라면 까는' 시대의 대표 사례라고나 할까.

그러고 나서 팀장의 태도가 거짓말처럼 180도 바뀌었다. 마치 고해성사라도 하듯 그는 술자리에서 털어놓았다.

"L은 말야, 나이는 어리지만 나보다 전문적이고 열심이고, 그래서 내가 쓸데없이 경계한 것 같아. 속 좁게… 미안하고…."

팀장은 후배의 열정과 실력에 부담감을 느꼈던 것이다. 그리고 마음 한구석으로는 나를 무시하나 싶어 은근히 기분도 나빴을지 모른다. 그러나 정말 급한 상황에서 소위 실력 있는 부하 직원이 '의리'를 지키는 일은 무엇보다 감개무량했을 거다. 통 크게 상사의 사과를 받고 관계를 회복하는 L 선배의 말도 의미심장했다.

"남자들은 어떻게 화해해야 하는지 방법을 잘 몰라. 뭐라고 말해야 할지, 사실은 그게 아니라고 알아듣기 쉽고, 오해하지 않게 표현하는 데 서툴러. 그래서 타이밍이 중요해. 그들에게 사과할 기회를 만들어주는 타이밍 말이야. 그래서 여자가 직장 생활하는 건 남자보다 난이도가 높다는 거 아니겠니, 쩝."

팀장과 L 선배는 그렇게 팀워크를 맞추는 데 혹독한 시간을 보냈지만 결국 둘도 없는 파트너가 되었다. 나중에 생각해보면 L 선배의 프로 정신이 결국 상황을 호전시킨 셈이다. 그 후 그녀는 당연히 승승장구, 직장 생활에서 그 어렵다는 임원에까지 올랐다. 포인트는 단 하나 실력과 아량이었다.

그녀가 회사에서 하는 일마다 잘되는 이유

여자가 직장 생활에서 결혼과 출산 그 어려운 고비를 어떻게 넘겨야 하는 걸까. 결론부터 말하면 그냥 깊이 생각할 것 없이 허들을 뛰어넘어 밀어붙여야 한다. 이리저리 재고 겁을 먹으면 할 수 있는 일은 아무것도 없다.

직장 생활을 하며 나이가 서른 중반쯤 되면 일반적으로 회사에서 허리 역할을 하게 된다. 소위 위아래에서 치이는 샌드위치 신세의 시발점이라고나 할까. 이때부터 더욱 고달픈 인생이 시작되는 것이다.

나 역시 마찬가지였다. 30대 중반 덜컥 둘째를 갖게 되었다. 원래 인생이 계획대로 되지 않는 법인 줄은 알겠으나 너무나 느닷없는 일이긴 했다. 그 와중에 명동에서 분당으로 근무지가 옮겨졌다. 그때 출퇴근하던 곳이 일산임을 감안할 때 이건 뭐 엎친 데 덮치고 그 위에 다시 뭔가 더 얹어지는 느낌이 확실했다.

일산에서 분당으로 첫 출근하는 날 회사까지 딱 1시간 50분이 걸렸다. 인사 발령이 나고 직속 상사에게 인사하면서 나는 차마 임신 중이라는 이야기를 하지 못했다. 인사 발령 이유가 새로운 프로젝트를 위한 차출 형식이었으니 앞으로 업무 강도는 거의 한판 전쟁을 불사해야 할 정도였기 때문이다. 그럼에도 미리 임신 사실을 회사에 알리지 못한 건 예전부터 하고 싶은데 기회가 오지 않아 속을 끓이던 프로젝트였기 때문이었다. 멀쩡할 때는 그렇게 하고 싶었는데 기회가 없고, 느닷없는 임신으로 황당한 차에 프로젝트에 투입되었으니 이 무슨 운명의 장난….

그러나 나는 단 한 번의 망설임도 없이 신규 프로젝트를 시작하는 부서로 당장 짐을 싸서 옮겼다. 임산부라는 건 나중에 어차피 알게 되겠지. 이미 발령 나서 일하고 있는데 다시 가라고 할 거야 어쩔 거야? 그때는 그렇게 될 대로 되라는 식의 마음가짐이었던 것 같다. 그만큼 객기를 부릴 나이였나. 지금이었다면 아마 옮기지 않고 편하게 그냥 있었을 텐데.

분당에 위치했던 삼성플라자는 당시 꽤 센세이션한 바람을 일으키고 있었다. 특히 백화점이라는 공간 안에서 고객이 즐길 수 있는 여러 가지 편의 시설들이 타 백화점과는 확실히 차별화되어 있다는 점이 그랬다. 오픈한 지 꽤 지난 시점에서 그 차별화 요소가 약간씩 퇴색되기 시작할 때 다시 한 번 대대적으로 전체 식당가와 편의 시설을 리뉴얼하는 작업이 내가 주도적으로 진행해야 할 업무였다.

식당가 전체 그림을 다시 그리고 거기에 맞는 브랜드를 찾아내고 어디에도 없는 고객 시설을 만드는 미션은 내 적성에 아주 잘 맞는 일이었다. 하루 종일 그 생각뿐. 주말에도 주중에도 고객을 아주 놀랍게 할 브랜드가 뭔지, 어떤 인테리어가 세상 어디에도 없었던 디자인인지를 찾아내기 위해 전국을 뒤졌다. 지금이야 백화점마다 유명한 식당, 독보적인 브랜드 모시기에 삼고초려가 기본이 되었지만 그때만 해도 백화점에서 식당을 운영하는 것이 쉬운 일은 아니었다.

삼성플라자는 시대를 한참 앞서가는 업무 규정이 있었다. 독보적일 것, 최고일 것, 그런 브랜드를 찾기 위해 물불을 가리지 말 것.

임신 4개월이 넘어서자 드디어 임신 사실을 상사에게 알려야 하는 상황에 처했다. 오죽 말하기 민망했으면 상사한테 영어로 얘기했다. 도저히 입이 안 떨어져서 그랬는데 지금 생각하면 코미디가 따로 없다. 그걸 또 영어로 받는 상사도 참 귀엽다. 노발대발도 영어로. 대충 내용은 이런 것이었다.

'어쩌려고 합류했냐? 업무 강도가 어떤 줄 뻔히 알면서 무모하게 그랬냐. 출산 휴가 두 달 공백은 어쩔 거냐, 너무 이기적인 결정 아니냐, 난 모르겠으니 담당 임원에게는 네가 얘기해라.' 최고로 심한 욕을 하지 않은 것만도 다행일 지경으로 어질어질하게 욕을 먹었다. 그는 씩씩대며 뭐 씹은 표정으로 뛰쳐나갔다.

그러나 그냥 밀어붙여 결국 원하던 프로젝트에 주역으로 참여했고 임신 7개월에 일본으로 건너가 하루 14시간을 걸어 다니며 시장 조사를 하고 보고서를 썼다. 하고 싶으면 그냥 하는 거다. 그렇게 무모하게 나설 수 있었던 것은 예전에 사수였던 L 선배의 영향이 절대적이었다. 나도 모르게 그녀를 닮고 싶어 흉내를 내고 있었던 셈이다. 세월이 이렇게 많이 지났는데도 그녀의 말이 아직도 생생하게 기억난다. 그녀가 회사에서 하는 일마다 잘되는 이유가 바로 그것이었다.

"하루 종일 늦게까지 일하고 돌아온 밤, 녹초가 돼서 침대에 누워서 말이야. 아, 오늘 하루는 정말 대단했어. 너무 재미있게 잘했어. 내일이 기대돼, 라고 말할 수 있으면 가장 좋을 텐데. 그러기가 쉽지 않단 말이지. 그러려면 너무 많은 장애물을 뛰어넘어야 해. 걸려 넘어질까 봐 겁이 나. 그러나 어쩌겠어. 그냥 하나씩 눈 똑바로 뜨고 펄쩍 뛰어넘는 거야. 그리고 달리다 또 장애물이 보이면 또 펄쩍 뛰어넘어야지. 선택이 없어. 그렇게 쭉 가는 거야."

워라밸이
사람마다
다른 까닭

지난 여름휴가 때 J 후배가 단톡방에 남긴 글이 참으로 인상적이었다. 그녀는 다섯 살 아들과 함께 휴가를 떠나며 일주일 동안 모든 SNS를 끊는다고 선언했다. 진정한 쉼을 위해서란다. 단톡방도 일단 나가겠다고 비장하게 양해를 구하더니 진짜 퇴장해버렸다. 그 이후에 그 단톡방 멤버들 사이에 내기가 걸렸다. 일주일을 못 채우고 '돌아온다'와 '버틴다'로 갈린 것이다. 나는 버틴다에 걸었다. 사실 그전에 J가 포기할 것이라 예상했지만 단순히 그냥 본인의 결심을 응원해주고 싶었다.

아니나 다를까 이틀도 되지 않아 J는 온갖 피치 못할 이유로 SNS를 재개했노라고 푸념을 늘어놓았다. 일단 회사는 돌아가고 있으니 회사 관련 메일을 체크해보지 않을 수 없고, 카톡을 보냈는데 왜 연락이 없느냐는 거래처의 불평을 전화로 들어야 했단다. 게다가 본인의 블로그를 포함한 SNS가 어떻게 돌아가고 있는지 너무 궁금해서 참을 수가 없었다나. SNS를 두절하고 스트레스를 받으니 차라리 옆에 끼고 있는 편이 마음이 그렇게 편할 수가 없다는 결론이었다.

비단 J뿐일까. SNS는 사회생활의 필수 요소가 된 지 오래이다. 처음에는 편리함과 효율성에 모두 열광했다. 정보를 동시에 공유하고 의견을 나눌 수 있다는 것은 대단히 효율적이었다. 문제는 이 효율이 아무 시간이고 침범한다는 데 있었다. 메일이나 문자가 도착하자마자 상대가 반응하지 않으면 전화로 재촉한다. 회사 일에 한해서는 밤이고 새벽이고 사생활을 방해해도 별 문제가 되지 않는다는 의식이 사회 저변에 깔려 있다.

더군다나 재빠르게 반응하지 않는 직원은 무능하거나 게으른 족속으로 비난까지 받는다. 헬스클럽에서 땀을 흘리며 운동하면서도 쉬지 않고 휴대폰을 들여다보는 사람이 얼마나 많은가. 퇴근한 심야에도 회사에서 날아온 사건 사고, 매출 보고 등으로 우리의 밤은 쉴 수가 없다. 그게 아주 당연시되고 있는 현실은 위험하다. 삶의 기술은 균형의 기술이라고 한다. 일과 쉼의 균형이 맞지 않으면 일단 스스로의 삶의 축이 무너지게 된다. 이러다보면 사고 역시 시간문제이고 결국 우리는 시한폭탄을 안고 있는 셈이다.

삶을 위한 밸런스도 지혜롭게

워라밸(work-life balance)이 사회의 키워드가 된 것은 이미 상당 시간이 지났다. 우리는 워라밸이라는 신조어에 부응하느라 기업마다 자율퇴근제를 서둘러 시행하고 정부는 정부대로 휴가 보내기 대국민 프로젝트까지 내놓으며 부산스럽게 움직여 왔다. 그러나 단지 몇몇 정책만으로 워라밸이 생활에 안착되는 건 아니다. 왜냐하면 일과 삶의 균형이란 기준 자체가 개인마다 다르기 때문이다. 어떤 색깔의 어떤 비율로든 내가 만족해야 균형을 이루었다고 말할 수 있으니 그렇다.

내 주변만 둘러봐도 그렇다. 학창 시절부터 기타를 부여안고 어떻게 하면 놀 기회를 만들 수 있는지를 고민하는 친구가 있었다. 그 명석한 머리로 대기업에 입사해 부모님을 기쁘게 한 것도 잠시, 야근, 특근을 못 참고 뛰쳐나와 중소기업을 운영하는 친구의 일을 도와주며 적은 돈을 받아 1년에 절반은 해외에 있다.

그런가하면 다른 친구는 독특한 일 중독증으로 주말에도 회사에 있어야 마음이 푸근해진다고 한다. 그 덕에 꽤 성공한 진급 케이스가 되었지만 가족과는 함께 있는 것 자체가 어색한 가장이다. 같은 학교에 다녔고 함께 사회생활을 하지만 다들 이렇게 다르다.

유독 그 재능이 감탄스러운 후배가 있었다. 어떻게 그렇게 꼭 맞추듯 일을 딱딱 부러지게 하는지 내가 애지중지 보물을 다루 듯했다. 그러나 경력 입사한 지 1년을 채우지 못하고 퇴사했다. 이유는 언제 개인적인 스케줄을 잡아도 되는지 알 수 없어서라고 했다. 유독 신규매장 오픈이 잦은 우리 부서는 오픈 일정이 잡혔다 하면 낮이고 밤이고 주말도 없는 시간을 보내던 시절이었다.

묵묵히 일을 잘한다고 해서 일에 만족하고 있다고 믿으면 오산이다. 또 다른 성실한 후배는 별다른 불평 없이 일하다 얼굴이 돌아가는 구완 와사에 걸렸다. 스트레스를 참고 참은 결과였다. 함께 파트너로 일하던 동갑내기 후배는 입으로는 쉬지 않고 투덜대며 빽빽한 업무량에 항의 하지만 결국 남에게 일을 나눠주지도 않고 혼자 다 끌어안고 처리하는 걸 보면 스스로에 대한 가학 증상이 있나 싶기도 했다. 그는 그렇게 투 덜대며 일만 하는 것이 좋다고 한다.

직장 생활을 오래하고 업무 특성상 직원이 많다보니 이렇듯 상당히 많은 케이스들을 만날 수 있었다. 핵심은 각자에 맞는 워라밸을 지혜롭 게 찾아내고 삶에 적용해야 한다는 점이다. 어떻게 하면 일과 삶의 균형 을 잡아 기쁘고 행복한 직장 생활이 가능할까.

무엇보다 나는 왜 이 일을 하고 있는가에 대한 진지한 고민이 우선되어야 한다. 여기서 해답을 찾아야 다음 단계로 나아갈 수 있다. 인생에서 가장 많은 시간을 할애하는 '일'에 대한 정의가 정확치 않다면 '삶'에 대한 밸런스는 의미가 없다.

가령 그 일이 너무 좋아 미친 듯이 하고 싶다, 일은 좋아하지 않지만 생계를 위해 어쩔 수 없이 할 것이다, 나의 정체성을 증명하기 때문에, 하다못해 일하지 않으면 내가 가치 없는 사람으로 느껴져서 등등 이유는 수없이 많다. 그 일이 생각만 해도 좋다면 일에 무게추가 확 옮겨가서 인생의 대부분을 일에 쏟아 부어도 상관없다. 그것 자체가 이미 밸런스이다.

만약 일 자체에 대한 의미가 생계 수단 이외에 없다, 라고 한다면(가정만 하기에도 슬픈 일이긴 하지만) 일에 할애하는 시간을 최대한으로 줄이고 본인이 좋아하는 분야로 삶을 과감하게 배분해야 행복할 수 있다. 음악이든 운동이든 하다못해 드라마를 보더라도 자신의 인생을 풍요롭게 하는 나만의 만족감을 찾아내야 한다.

제일 애매한 상황은 일 자체에 그다지 의미를 두지 않고, 좋아하는 일도 별반 없고, 결혼하자니(아니면 했더라도) 그것도 시큰둥한 경우이다. 이런 경우 회사 사정에 따라 일에 몰두해 번아웃 증후군(burnout syndrome)이 오면 가장 나쁜 사례가 된다. 황폐해진 정신 건강을 채울 대체물이 없기 때문이다.

실제 이런 예시가 적지 않다. 후배 민준은 자타공인 엄친아였다. 좋은 학벌에 부모님 소원대로 대기업에 취업해 3년 만에 부모님의 소원에 걸맞는 여자와 특급 호텔에서 결혼했다. 화려한 샹들리에와 꽃값만 해도 얼마가 될지 궁금해지는 결혼식장에서 스테이크를 썰며 우리 모두는 양가 부모님들의 재력에 감탄했다.

그런 민준은 새로 런칭하는 브랜드로 1호점까지 오픈하고 그대로 번아웃 증후군에 시달리게 되었다. 신혼이었음에도 불구하고 제시간에 퇴근도 못하고 주말도 없었으니 신혼부부 사이가 좋을 리 없었다. 또 일에 대해 그리 열정도 없었으니 재미도 없고 몸은 피곤하고 짜증에 절어 결국 폭발한 거다. 일 때문에 폭발하지 않으려면 말 그대로 스트레스인 일에 대응할 균형추가 필요한데 그는 불행히도 그것을 갖지 못하고 있었다. 회사를 무작정 그만두었다. 그것만이 그가 할 수 있는 유일한 결정인 듯 말이다.

'일과 삶의 균형'의 의미는 '각자가 행복할 수 있는 균형'으로 바꾸어 말할 수 있다. 그리고 일 때문에, 아니면 개인적인 일로 문제가 생길 경우 건너편에 있는 저울추를 움직여 다시 균형을 잡을 수 있게끔 미리 양쪽에 '나를 보호하는 무언가'가 있어야 한다는 것을 의미한다. 그래서 사람에 따라 일, 혹은 신앙과 사랑, 가족, 취미 등 자신을 행복하게 할 그것을 중심으로 다른 추가 균형을 잃지 않게끔 조정해나가야 한다.

그렇다고 한번 균형을 잡아놓은 추가 영원하지는 않다. 추는 계속 균형을 잡을 수 있도록 움직여줘야 한다. 인생은 길다. 어떤 시기에는 일이 많은 부분을 차지해야 인생에 균형이 맞는다. 또 어떤 시기는 가족을 돌보는 데 시간을 많이 할애하기도 하고 때로는 나 자신이 즐거운 일에 세월을 쏟아야 균형이 잡힐 때도 있다. 그 균형의 추를 지혜롭게 옮겨가며 살아야 한다. 결국 인생이라는 긴 여정에서 일과 쉼이라는 균형을 '나'에 맞춰 지혜롭게 유지해나가는 것이 행복한 삶을 위한 우리 모두의 과제인 셈이다.

Chapter 4

새벽부터
한밤중까지
리허설 없는 콘서트

마음 읽는
―――――――― 인성의
가치

누가 존귀한 사람인가? 자신의 동료를 귀하게 여기는 사람이다.

- 《탈무드》 중에서

"둘을 합쳐서 다시 나눴으면 딱 좋겠어. 이 놈은 이래서 마음에 안 들고, 저 놈은 저래서 꼴 보기 싫고."

"또, 그 소리다. 왜 그렇게 사람이 부정적이야? 이 사람은 이래서 마음에 들고, 저 사람은 저래서 마음에 들고로 바꿔서 생각하면 되잖아? 어차피 그게 그건데?"

투덜 박사로 소문난 이 본부장은 오늘도 직원 흉보기에 밤을 새울 태세이다. 실제로 챙겨줄건 다 챙겨주고, 지킬 의리 안 지킬 의리까지 오지랖의 황태자로 불리는 그이지만 늘 입으로는 습관처럼 직원들을 씹어댄다.

중견 기업 Y의 마케팅 본부에는 두 명의 대조적인 직원이 근무한다. 바로 이 팀장과 신 팀장. 본부 내 다섯 개 팀 중에서 핵심 부서를 맡은 두 팀장은 서로 견원지간이다. 안 맞는 수준을 어디에 비교해야 좋을까 싶을 만큼 엄청나다.

일단 이 팀장. 마케팅의 키맨이라 할 만큼 스마트하다. 머리가 비상하고 아이디어가 늘 넘쳐난다. 추진력도 있어 일단 일을 시작하면 끝장을 보는 데다 심지어 속도까지 빠르다. 문제는 모든 주위 사람들이 고개를 설레설레 흔드는 마력을 소유했다. 부하 직원들의 타 팀 전배 발령 요청도 서슴지 않는다.

그런 팀장 밑에서는 일할 수 없다고 출근한 지 사흘 만에 사표를 집어던진 직원도 있었다. 직원들에게 막말은 기본, 거의 분노 조절 장애가 있는 사람처럼 꼭지가 돌면 눈이 뒤집히는 품성을 가지고 있다. 그러다 보니 주변 사람들을 모두 불편하게 한다. 정이 뚝 떨어져 절대 함께 일하고 싶지 않은 대표적인 유형이다. 그러나 그만한 브레인이 없기에 본부장은 어르고 달래며 속앓이를 한다.

이와 거의 상극을 이루는 신 팀장. 인사 고과 때면 참 애매하게 상사를 고민시키는 전형적인 스타일이다. 업무에 있어 무능하지도 유능하지도 않은 어정쩡한 타입이다. 그러나 그는 업무 외에 출중하다. 일단 사람 마음을 헤아린다. 누가 무엇을 필요로 하는지, 무슨 도움이 필요한지를 탁월하게 확인하고 말없이 도와준다. 생색이라고는 없다. 그래서 그는 눈에 잘 띄지 않는다.

그러나 그가 출장이라도 가서 일주일 정도 자리를 비울라치면 여기저기서 불편함이 생겨난다. 미리미리 알아서 그림자처럼 움직이던 그가 없어진 부작용이다. 신 팀장의 친한 지인은 그를 언제나 타박한다. 자기 PR 시대에 그렇게 오른손이 하는 일을 왼손이 모르게 하는 건 '바보짓'이라는 거다. '누가 알아 주냐? 그러니 고생하는 거에 비해 진급이 느린 거'라고 말한다.

그러나 그런 핀잔은 조직을 과소평가하거나 오해하니까 할 수 있는 말이다. 당장은 손해를 보는 것 같지만 이익 집단인 회사는 누가 얼마만큼 공헌하는지를 자로 잰 듯 정확하게 파악하고 있다. 어느 조직이나 마찬가지이다. 직장 생활은 100미터 단거리 경주가 아니다. 결국은 소리 없이 남을 배려하고 도와주는 인성은 모두의 인정을 받기 마련이다.

리더의 인성을 완성하는 조건

회사에서는 팀워크를 다지는 방법으로 회식을 좋은 도구라 여긴다. 직원들의 사기 진작에도 좋다고 판단한다. 사실이 그렇다. 그러나 회식에 대단히 스트레스를 받는 직원들도 꽤 있다. 남들 앞에 나서서 말하는 걸 그다지 좋아하지 않고, 음주가무에도 재주가 없는데다, 유머 감각도 없다고 스스로 느끼는 사람들이 특히 그렇다. 이런 사람들의 일부 특징은 어서 회식이 끝났으면 하고 바란다는 데 있다.

예전 직장에서 모시던 상사 중에 '품성'을 이야기할 때 지금까지 생각나는 분이 있다. 언제나 카리스마가 넘치던 분이었다. 늘 주변에 사람을 몰고 다니기도 했다. 모두들 그분 눈에 들기 위해 노력했다. 회식 장소에서 보면 언제나 주류와 비주류가 자연스럽게 나뉜다. 대규모 회식이라면 이러한 현상은 더 심해진다.

리더들, 잘나가는 부서, 잘나가는 직원들끼리 고의적으로 더 뭉쳐 세를 과시하기도 하고 그 부류에 어쨌든 끼어 있으려고 갖은 애를 쓴다. 비주류는 자기들끼리 조용히 술을 마시거나 시끌벅적 떠드는 주류 그룹을 힐끔거린다. 아예 그런 것조차 신경 안 쓰는 꿔다놓은 보릿자루들도 있다.

그분의 특징은 유쾌한 회식 자리를 주도하며 이런 비주류로 소외된 직원들을 자연스럽게 끌어들인다는 데 있었다. 이야기를 하며 '참 그건

OO 과장이 잘 아는 분야 아닌가? 어디 있지? 옆에 OO 대리도 이리와 봐 한잔하자구' 이런 식이다. 소외되어 불편할 틈이 없이 자연스럽게 주류 직원들 사이사이에다 끼워 넣는 솜씨가 예사롭지 않았다.

부르기가 정 어려운 상황이면 본인이 화장실에 가는 척 구석에 소외된 직원들 테이블로 옮긴다. 자연스럽게 그 주변으로 다시 직원들이 모이기 때문에 이 또한 화기애애한 분위기가 만들어진다. 업무뿐 아니라 저 멀리 있는 직원의 입장까지 배려하는 것이 리더가 될 수 있는 필수 인성이다.

누구든 기회가 되면 돕겠다고 막연하게 생각하는 사람에게는 그런 기회가 잘 찾아오지 않는다. 도움이 필요한 사람이 누군지를 평소에 눈여겨 관심을 갖는 사람만이 남에게 도움을 줄 수 있다. 회사에는 평소에 누구를 도와줄까 생각하는 사람보다 누구 도움을 받을까를 생각하는 사람이 대부분이다. 사내 정치는 유사 시 그 도움을 위한 보험이며 이것을 잘해야 유능하다, 라고 다들 믿고 있다.

그러나 도움을 받기 위해 평소 눈도장을 찍고 술도 한잔하고 협조를 받을 일이 있으면 기다렸다는 듯 움직이는 사람이 과연 회사 내에서 성공할까? 오랜 직장생활을 통해 보면 그 반대편에 서는 사람들이 결국 장기적인 레이스에서 우수한 기록을 낸다.

T 차장이 대표적인 케이스이다. 그는 동료 결혼식이나 돌잔치에는 가

지 않는다. 그러나 장례식이 있으면 반드시 간다. 아내가 30대라는 젊은 나이에 암 판정을 받아 하늘이 무너진 동료를 대신해 1년이 넘도록 대신 당직을 서기도 했다. 우울증에 걸린 상사를 설득해 병원을 알아보고 함께 상담 치료에 동행했다. 물론 회사 사람들 모르게 말이다. 결국 그는 현재 임원으로 재직하고 있다. 진심을 담아 누구를 도와줄 것인지를 늘 살피는 그의 인성이 최고 리더의 반열에 있게 한 것이다.

예전에 모시던 상사 중 지금도 생각해보면 유쾌한 R이라는 임원이 있다. 그분은 특별히 애쓰는 바 없이 대충하는 것 같은데도 실적이 좋은 분이었다. 늘 입버릇처럼 '내가 뭐 하는 게 있나. 다 직원들이 하는 거지. 난 그냥 왔다 갔다 하는 거야'라며 자신을 '한량'에 비유하곤 했다. 그분이 수장으로 있을 때는 본부에 큰소리 한번 나지 않았다. 그러나 긴장감은 어느 누가 수장으로 있을 때보다 더 했다. 왜냐하면 정확히 핵심을 찔러 업무를 지시하고 방향을 제시해서 타임 스케줄조차 빠듯하게 짜여 지기 때문이었다. 수장이 헤매면 아래 직원들도 함께 헤매고 마감에 대한 감이 떨어지게 된다. 그러나 수장이 모든 상황을 손바닥 들여다보듯 정확하게 헤아리고 있으니 딴짓하거나 빙빙 돌아갈 수가 없다.

이처럼 직장인으로서 인성은 리더의 능력이 기본적으로 전제되어야 한다. 무능하며 사람만 좋다는 것을 두고 굳이 인성이 좋다고 칭찬하지 않는다. 더군다나 하루가 다르게 바뀌는 요즘은 유능함 위에 인성이 얹어져야 의미가 있다.

R의 특징은 그 유능함을 바탕으로 직원들을 격려하고 용서하는 미덕에 있었다. 이웃 본부에서 직원의 실수를 가지고 사무실이 떠나가라 요란스럽게 서류가 날아가고, 온갖 육두문자가 나열되다 동물이 종류별로 출몰하는 상황이 되는 것과 사뭇 대조적이었다.

일단 R은 업무에 결정적인 실수를 저지른 직원을 앞에 두고 화를 내거나 소리를 지르는 적이 없었다. 오히려 얼굴이 사색이 돼서 어떻게 보고를 해야 하나 덜덜 떠는 직원을 향해 '괜찮아, 용서해줄게. 말해봐. 뭘 도와줄까?'라고 말했다.

이미 용서를 받은 상태에서 고백을 시작하는 형국이다. 이렇다보니 잘못을 보고하는 직원도 좀 더 솔직하고 차분하게 상황을 설명한다. R의 그 다음 행보는 부하 직원의 이야기를 진지하게 듣고 절대적으로 그 직원의 편에서 해결책을 마련한다. 그리고 왜 그런 실수를 하게 되었는지를 지적해주고 향후 동일한 실수를 저지르지 않기 위해 주의해야 할 매뉴얼까지 꼼꼼히 알려준다. 소리를 지르며 해결하라고 화내는 상사와는 일단 게임이 되지 않는 리더였다.

리더의 인성은 부하 직원에 대해 무한대 AS가 가능한 실력을 바탕으로 한다. 부하를 발전시킬 능력 없는 리더의 용서와 아량은 별 의미가 없다. 리더의 인성 중 단연 최고의 조건은 실력 있는 자의 아량과 배려,

이를 통한 부하 직원의 성장이다. 팀원들의 성장을 통해 팀의 실적을 나타내는 리더여야 '인성'을 논할 자격이 주어지는 것이다.

조직은
당신을
닮는다

"얘기 들었어?"

"못들은 줄 알고 묻는 거 아니냐?"

계속 컴퓨터에 시선을 박은 채 무심한 내 대답에 선우 부장은 흥분한

채 더듬거린다.

"진 부사장 날아가나 본데?"

"왜?"

"명 부장이랑 김 부장이 오늘 자 대기발령 인가 봐. 양팔 다 대기 발령

인데 뻔한 거 아냐?"

진 부사장은 회사에서 가장 파워 있는 핵심 인물이었다. 입사한 이래 20년 동안 초고속 승진의 기록을 전무후무하게 전설로 남긴 진 부사장. 가장 인정받는 그는 계열사를 초월한 슈퍼 파워로 그룹 내 위상이 나는 새를 떨어뜨린다는 인물이었다. 그러나 화무십일홍이라 하던가. 그에게 밀어붙이기식 업무 처리로 피해를 보거나 불만을 가진 직원들이 점점 늘고, 워낙 젊은 나이에 출세한 그가 아니꼬웠던 선배 임원들이 한두 마디 거들고, 결정적으로 어느 지인이 그룹 회장에게 오해의 빌미가 될 만한 제보를 함으로써 그 질주의 막을 내렸다.

전설적인 파워도 일단 내리막에 들어서면 한순간이다. 기업의 생리라는 것이 그렇다. 협력 업체 사람과 제대로 밥 한 끼 먹지 않았다고 읍소하는 진 부사장과 지인의 제보로 그가 협력 업체 사람과 형, 동생 하는 사이라고 철썩같이 믿어버린 회장의 면담은 결과가 뻔한 것이었다. 진 부사장의 수족처럼 일하던 두 명의 부하 직원은 대기 발령이 났고, 그역시 작은 계열사의 임원으로 전보 발령이 나자 진 부사장은 평생 몸 바쳤던 회사에 사직서를 던졌다.

그의 실패는 이후에도 많은 직원의 입에 자주 올랐다. 워낙 잘나가던 사람의 몰락은 그를 좋아했든 미워했든 간에 충격적인 일임이 틀림없었기 때문이다. 그는 왜 실패했을까? 일단 본인 개인의 초고속 발전이 공감 능력을 퇴화시켰다. 리더의 첫 번째 조건은 크고 작은 조직에서 공감과 연대감 조성 능력이다. 특히 제대로 된 연대감은 조직의 목표에 대한 의미와 비전을 조직원들에게 정확하게 이해시키는 것에서 출발한다. 왜 리더를 따라야 하는지, 왜 이 도전이 성공해야 하는지, 그로 인해 조직과 함께 개인이 성장할 수 있다는 절대적인 믿음을 주는 것이 가장 중요하다. 조직의 목표를 팀원들이 공감하고 개개인의 어려움에 대해 리더가 인지하며 필요할 때는 언제든지 도와준다는 믿음을 줘야만 조직원의 자존감이 상승하고 그로 인해 업무 효율도 증가되는 것이다.

그러나 대부분의 리더는 이러한 점을 중요하게 생각하지 않는다. 개개인의 이해와 관계없이 일방적인 업무 지시와 질책으로 목표를 진행시키기 때문에 문제가 생기고 진도가 더뎌진다.

업무 추진 능력이 뛰어난 진 부사장의 경우 몇 명을 몰아쳐서 개인의 능력으로 업무를 초과 달성하고 나머지 대부분의 팀원은 그저 닥치고 따라오라는 식의 독재적인 리더의 모습을 보인 것이 패착이었다. 잘나가는 상황이었으니 카리스마로 포장되기도 했으나 지위가 올라갈수록 그의 한계가 드러난 셈이다.

올바른 리더십의 가치

조직의 목표를 개개인의 능력을 통해 이루고자 하면 무엇보다 그들의 자존감을 높이는 일이 중요하다. 자신이 어떤 일을 어느 수준까지 할 능력이 있는지, 그런 각자가 모인 팀이 어떤 시너지를 낼 수 있는지 제대로 알고 있지 못하다면 이를 깨우치게 하는 것도 리더의 역할이기 때문이다. 이를 위해서는 구성원이 리더의 말을 신뢰할 수 있어야 하는데 리더와 구성원의 연대감이 이를 위해 필수 요소이다.

연대감(relationship)은 어떻게 만들고 유지할까? 직장 안에는 연대감에 대해 착각하는 리더와 구성원들이 많다. 가장 착각하는 유형은 술과 적당한 탈선이 끈끈한 연대 의식을 공고히 한다고 믿는 부류다. 퇴근 시간 무렵이면 온갖 명분을 찾으며 술 한 잔을 부하 직원들에게 강요하며 '퇴근 후 자유'를 박탈하는 족속이 대표적이다. SNS나 사내 게시판을 통해 회식 자리의 화기애애함을 널리 광고하는 것도 잊지 않는다. 해시태그는 당연히 형제애, 단합, 우정이란 말이 빠지지 않는다. 몸 상하고 돈 버려가며 그들은 도원결의한다. 그러나 이것은 대단히 올드한 연대 의식이다. 세상이 더 이상 그런 연대 의식을 인정하지 않는다. 사무실에서 김 부장, 이 과장, 박 대리가 한밤중에 혀엉~이라고 콧소리를 섞어가며 끌어안아봐야 눈에 보이는 선명한 실적이 없다면 함께 침몰하는 난파선에 탄 것과 다름없다.

연대감은 어느 조직이나 리더가 만든다. '우리 팀은 팀원들 성향이 영 단합심이 없어'라고 투덜대는 팀장은 자기 얼굴에 침 뱉는 꼴이다. 화제가 되었던 드라마 〈나의 아저씨〉에서 회사 내 부장 직급인 남자 주인공은 자신을 뒷담화한 부하 직원에게 "잘못했습니다. 열 번만 해." 라고 말한다. 그의 용서 방법이다. 또한 파견 직원에게 함부로 말한 임원에게 따지려 드는 주인공을 부하 직원이 말리자 "너였다면 내가 가만히 있었겠냐?"라며 화를 낸다.

연대감은 이런 리더의 진심이 바탕이 되어 자연스럽게 조직에 스며든다. 팀원 한 명 한 명을 사랑하는 리더의 마음이 조직의 울타리를 견고하게 하고 그 안에서 팀원들 역시 리더를 닮아 가며 연대감은 공고하게 된다.

또 하나 주류를 이루는 리더십의 조건은 섬김의 태도이다. 다시 말해 서번트 리더십(servant leadership)이라고도 한다. 좋은 리더는 학창 시절 좋은 스승과도 비슷한 이미지를 갖는다. 두 존재의 공통점이 나에 대한 관심, 그리고 사랑, 이것을 통해 나에게 걸어가야 할 길을 가리키고 있다는 것이다.

아직까지 '그분'의 부하 직원이었다는 것이 누구도 예외 없이 자랑으로 여겨지는 리더가 있다. 지금이야 퇴직하셨지만 S 기업과 호텔에서 오랜 세월 근무하셨던 분으로, 직장 리더의 표본이라고 할 수 있는 분이었다. 일단 M 사장의 첫 번째 이미지는 '온화함'이다. 그러나 그게 전부인 줄 알고 긴장감 없이 있다가는 조용히 한칼에 사라진다는 전설이 있었으니, 온화함 속에 단호하고 냉정한 성정을 동시에 가지고 있는 분이라고 할 수 있다.

아무튼 그분이 내가 있는 조직을 떠나 그룹 내 다른 회사의 부사장으로 발령이 났던 시기가 2002년이었다. 그로부터 일 년 후 직원들의 정기인사 승격 발령이 났다. 나도 과장으로 진급하였는데 바로 그날 M으로부터 축하 전화를 받고 화들짝 놀랐다. 회사를 떠난 지 1년이 지난 부사장께서 직접 전화를 하다니. 그런데 나뿐만이 아니었다. 주임으로 승격하는 직원을 포함한 승격자 전원에게 전화한 것이었다. 우리는 모두 신선한 충격을 받았다.

M의 스토리는 그 후로도 계속되었다. 제주도의 한 특급호텔 사장으로 그가 근무하던 시절의 이야기이다. 여행으로 제주도를 내려가는 이들 중에 그 호텔을 이용하는 직원들이 간혹 있었다. 샐러리맨 입장에서는 특급호텔 이용은 가족을 위해 큰맘 먹고 별러야 할 수 있는 이벤트이지 않은가. 하이라이트는 아침 식사 때이다. 어김없이 자신의 예전 부하 직원의 아침 식사 테이블에 들러 인사를 나누고 그의 아내에게 당신의 남편이 얼마나 좋은 직원인지 진심을 다해 칭찬해준다.

그리고 준비했던 와인을 한 병 선물한다. 그렇게 단 한 번도 예외 없이 성의를 다했던 M의 옛 직원 챙기기 전설이다. 부하 직원에 대해 사랑의 마음으로 섬기지 않으면 결코 있을 수 없는 그의 행동은 왜 그가 그토록 존경받고 그의 직장 생활이 그처럼 오래도록 명예롭게 유지될 수 있었는지 보여준다.

오늘 이 순간이 미래와 연결되어 있다고 생각하면 너무 소중한 거지.

- '산토리 위스키' 광고 중에서

상대방을 향해 이 말을 해줄 의무는 누구에게 있을까. 미처 생각지 못했던 사실을 수면 위로 떠오르게 해서 나를 일깨울 사람, 내 인생에 대해 지금 생각하고 있는 것보다 훨씬 큰 도전이 필요하다는 자극을 준 사람이 있는가? 만약 없다면 지금 리더로 있는 당신이 당신의 후배들에게 그런 사람이 되기로 결심해야 한다. 그 결심이 훌륭한 리더가 될 수 있는 원동력이 되기 때문이다. 결국 리더로서 연대감과 서번트 리더십을 원동력으로 삼아 지향해야 하는 바는 후배들에게 가치 있는 자극과 도전을 제시해서 그들의 인생에 보석 같은 열매를 맺게 하는 것이다.

월화수목금금금의
귀환 ————————————

"나는 네가 ○○은행에 끝까지 남아 있을 줄을 진즉에 알아봤어."

뜬금없는 수의 얘기에 모두 그녀를 바라본다.

"아니 준이가 은행에서 대리 시절 나랑 같은 건물에 근무했잖아? 점심시간에 내려가 보면 쟤는 자리에 붙어 앉아 있는 꼴을 못 보겠더라고. 청원경찰 옆에서 입구 쪽을 보고 있다가 누군가 들어오면 일단 이름부터 부르면서 맞이하는 거야. 아는 사람도 많아. 학교 다닐 때는 그리 머리가 좋다고 생각하지 않았는데 이상도 하지. 그래서 은행이 체질인가 보다 했지, 뭐."

준이는 ○○은행 북경지점장이다. 일 년 만에 한국에 나와 모처럼 대학 동기 일곱 명이 모였다. 우리는 대학 공연 동아리에서 만나 스무 살부터 쉰 살이 된 지금까지 붙어 다닌다. 인생에서 서로에게 참 귀한 존재들이고 든든한 버팀목이다. 30년을 쭉 그래 왔던 건 아니다. 다들 결혼을 하고 아기를 낳고, 그중에는 인생의 쓴맛을 보거나 이혼을 하기도 하고 아예 결혼을 안 하기도 하는 등 일곱 명이 어쩜 그렇게 다르게도 살아왔다.

격랑 같던 40대 초반까지는 일 년에 한두 번이나 볼까 말까 하며 겨우 생존 확인만 하다가 이제는 시도 때도 없이 무슨 핑계를 만들어서라도 만나 서로 좋아 죽는다. 오래된 친구들이 만나면 으레 그렇듯 아주 옛날 옛적 이야기들을 재탕에 삼탕을 거듭한다. 그래도 지루하지 않다. 세월을 공유한 자들만의 특권이다. 우리는 그렇게 함께한 세월을 자랑스러워한다.

수가 꺼낸 얘기도 준이가 30대 초 열혈남아로서 은행에서 일할 때의 목격담이다. 수는 로펌에서 근무하는 직원이고 우연히 준이와 한 건물에서 한동안 지내게 되었다. 점심시간을 이용한 은행 업무에 준은 수의 로펌 직원들을 변호사든 일반 직원이든 관계없이 일일이 이름과 얼굴을 기억해 두고는 늘 입구에서 맞았다. 점심시간을 쪼개 쓰는 직원들을 위해 그야말로 어떻게든 시간을 절약하게 해주고픈 그의 서비스 정신이라고나 할까.

"우리 로펌은 워낙 인원이 많아. 그 회사 직원인 나도 누가 변호사인지 직원인지 모르는 경우가 허다하거든. 그런데 쟤는 이상해. 모르는 사람이 없어. 신기하더라니까."

그 신기할 정도의 열정으로 준 별명이 월화수목금금금이었다. 그렇게 일하지 않고서야 그 실적을 낼 수 없다는 뜻에서 동료들이 붙인 칭찬도 욕도 아닌 닉네임이다. 그렇듯 착실하고 꾸준하게 그 은행에서 본인의 입지를 다졌다. 친구들이 모두 그의 열정과 성실에 이의가 없는 건 당연하다.

사람은 원하는 바를 얻고자 하는 욕망에 사소한 습관이 덧붙여져 성공이라는 걸 이룬다. 회사에서도 직장인이라면 누구나 자신이 몸담은 그 조직에서 성공하고 싶어 한다. 똑같은 직장 생활도 어떤 태도로 임하느냐에 따라 모든 것이 달라지는 것이다. 태도에 따라 성장하거나 퇴보하는 사례는 얼마든지 있다. 어쨌든 변하지 않는 건 태도가 전부라는 사실이다.

태도가 만드는 변화

"그렇게 꼴 보기 싫으면 차라리 다른 부서로 보내든지. 왜 사람을 이런 식으로 괴롭히냐고요. 어휴, 진짜…."

장 과장은 울고불고 아주 대성통곡이라도 할 지경이다. 객관적으로 내가 봐도 좀 무리하다 싶은 미션인건 맞다. 해내면 좋지만 그렇지 않으면 장 과장이 다 뒤집어쓰게 생겼으니 오해를 할 만도 하다. 회사에는 때때로 그런 업무들이 있다. 사람을 겁나게 하는 버거운 미션들 말이다. 평소에 무뚝뚝하기로 소문난 장 과장의 직속 팀장은 그에게 예사롭지 않은 과제를 던졌다. 그리고 냉정하게 도와주지도 않는다. 거의 한 달을 매일 회사에서 이를 갈며 철야를 하다시피 하던 그는 결국 성공리에 과제를 마쳤다.

"팀장이 아직도 좋은 마음으로 내게 그런 과제를 던졌다고는 생각 안 합니다. 그런데 결과적으로 해냈으니 잘된 거죠. 덕분에 내 능력이 내 생각보다 더 낫다는 걸 알았어요. 결국 제가 그 어려운 걸 해내더라고요."

'나는 못해', '나는 머리가 나빠서, 게을러서, 마음이 약해서 할 수 없어' 이런 현상을 자기불구화(self-handicapping)라고 한다. 스스로 '할 수 없는 감옥'에 자신을 가두는 것이다. 현재의 내 모습이 불만족스럽다면 나 스스로 붙여놓은 이런 자기불구화 꼬리표를 과감히 떼어내야 한다. 직접 부딪치며 도전하지 않았는데 할 수 있을지 없을지 어떻게 알 수 있단 말인가.

장 과장도 매일 밤 상사에게 저주를 퍼부어 가며 오기로 독하게 해내고 나서야 본인 스스로도 놀랐다. 자발적으로 극한까지 스스로를 밀어붙이기는 어렵다. 남에 의해, 환경에 의해 벼랑 끝으로 몰려가봐야 자신에게 날개가 있는지, 있다면 얼마나 높이 날 수 있는지 알게 되는 것이다. 때로는 나의 가능성은 나도 모른다는 무모한 자신감과 긍정적 자기암시가 필요하다. 그래야만 '나는 못한다'는 강박에서 벗어날 수 있다. 그 또한 나를 성장시키는 태도인 셈이다.

"그렇다고 이혼해? 나가 죽으라고 해? 아니면 매일 욕하고 때려? 이상한 건 별로 밉지도 않더라. 그냥 불쌍한 거야. 본인은 오죽할까 싶어서. 소꼬리나 고아 먹일까 봐. 호호호"

예전부터 보살이라는 별명의 Y 선배는 남편의 거듭된 사업 실패에 집을 팔고, 시부모님 명의의 땅을 팔고, 전세에서 월세로, 다시 원룸으로 옮기는 처지가 되었다. 이번이 다섯 번째라는데 생계를 몇 년째 책임진 Y가 이번에도 허탈하게 웃는다.

"아무리 실패해도 몸과 마음이 망가지지 않으면 언젠가는 다시 일어

나. 본인이 지치지만 않으면 뭘 해도 해내지 않겠어? 그동안 헛돈만 썼겠니? 그게 다 보이지 않는 재산이다. 얘."

그 선배의 말을 듣고 있으면 남의 일이지만 내 속이 다 답답해진다. 그러면서도 신기한 건 그녀가 그렇게 지지리도 자신을 고생시키는 남편에 대해서 단 한 번도 실망했다는 소리를 하지 않는다는 것이다. 그러던 중 기어코 Y의 남편이 일을 내고야 말았다. 몇 년을 두고 개발한 제품이 아파트단지 어린이 놀이터 바닥재인데 거의 독보적인 수준의 기술이라는 것이다. 거의 경쟁자도 없이 아파트 놀이터마다 그의 제품이 깔렸다. 원룸에 살면서 빚에 쪼들리던 선배는 명품을 두르지 않고서도 얼굴에 광채가 날 만큼 활기가 돌았다.

"내가 뭐랬어? 꼭 한 번은 성공할 줄 알았어. 자꾸 뭘 틀려봐야 제대로 성공하는 거야. 틀렸다고 주저앉으면 그걸로 게임 끝이라니까."

여전히 쿨하고 긍정적인 선배의 말에 그저 그 말이 백번 맞는다며 고개를 끄덕일밖에. 역시 남자는 아내를 잘 만나야 한다는 건 진리다. Y 선배를 보면. 그리고 또 하나. 선배 말처럼 실패에 맞서는 태도가 가정의 평화를 지킨다는 사실도.

이뤄지지 않은 사랑은 사랑이라고 부르는데 왜 이뤄지지 않은 꿈은 실패

라고 부르냐.

- 타블로의《블로노트》중에서

이루어지지 않은 꿈은 실패가 아니라 아직 진행 중인 미완의 꿈일 뿐
이다. 왜 아직 이루지 못했는지 통렬한 자기반성이 있는 한 다시 일어설
힘이 된다. 매일 달라지고 있고, 어제보다 덜 틀리고, 내일 더 잘해보겠
다는 기대가 있는 한 '잘 살고 있는 것'이라 믿어도 된다.

한고비를 넘기면 또 한고비가 오는 것이 인생이다. 산 넘어 산이라는
말이 그냥 생긴 말이 아니다. 직장 생활에서 실패를 경험한다는 것에는
여러 가지 의미가 있다.

일하고 싶은 부서에 아무리 노력해도 갈 수 없는 것, 좋은 평가를 받
지 못한다는 것, 능력을 인정받지 못해 좌천되거나 징계를 당하거나 최
악에는 해고를 당하는 일까지 다양하다.

그러나 본 게임은 실패를 경험한 이후부터이다. 바로 그 이후의 태도
가 성공의 척도가 되기 때문이다. 실패를 어떻게 받아들이는지, 절망하
고 주저앉아 있는지, 아니면 잠시 쓰러졌더라도 오기로 일어나 씩씩하
게 다시 시작하는지 어떤 것을 선택하느냐에 따라 성공하기도 하고 끝
내 실패하기도 한다. 성공을 거머쥐는 사람들은 결코 환경을 탓하지 않

는다. 일을 마주하는 마음, 떡잎부터 태도가 다르기 때문에 성공이 그들 앞으로 굴러오는 것이다.

쉽게,
백전백승 ——————
전략

　백화점에서 근무할 때의 내 역할은 편의시설에 좋은 브랜드를 유치할

수 있도록 영업하는 일이었다. 내 적성에 딱 맞는 일이다. 다양한 브랜

드를 만났다. 안경, 약국, 식당, 커피숍, 꽃집, 시계, 금은방, 앤티크 가구,

미용실, 여행사 등등. 문제는 '차별화'였다. 어떤 아이템이든 그 브랜드

는 타 백화점과 달라야 했다. 그것이 내가 근무하는 회사의 경영 기준이

었다. 그 원칙에 직원으로서 전적으로 동의했기에 아무리 상황이 어려

워도 차별화된 브랜드를 찾아내기 위해 늘 골몰했다.

　그중 하나가 안경이었다. 나는 서울 시내를 샅샅이 뒤져 이른바 제품

에 경쟁력이 있는 아주 독특한 안경 브랜드를 찾아냈다. 입점을 제안했고 그들은 흔쾌히 받아들였다. 문제는 입점 후보들이 프레젠테이션을 하는 날 발생했다. 그 안경 브랜드에는 두 사람의 공동대표가 있었는데 한 사람은 경영 담당이었고, 다른 한 사람은 안경의 디자인과 콘셉트를 만드는 디자이너였다. 워낙 차별화된 안경 브랜드를 찾느라 유니크한 브랜드를 골랐고 브랜드가 그렇다 보니 그걸 만든 대표의 마인드도 브랜드처럼 독특할 수 있다는 점을 간과했다. 프레젠테이션 당일 주차장까지 왔던 대표 중 한 사람이 프레젠테이션을 포기하고 돌아가겠다며 고집을 피우기 시작한 것이다. 이유를 들어보니 '주차장에 까만색 그랜저 차량뿐이라서.' 그저 그것뿐이었다.

자신의 브랜드가 입점할 백화점 임원들의 마인드가 까만색 그랜저로 통일되어 있다면 더 이상 희망이 없다는 것이 그 디자이너의 입점 거부 이유였다! 나 참, 기막혀서! 충분히 이해할 수 있는 일이다. 그런 마인드를 가졌기에 그런 유니크한 디자인으로 성공했으려니 싶었다. 그러나 당장 그의 놀랍도록 창의적인 마인드가 내 업무를 망치게 생겼으니 미치고 팔짝 뛸 지경이었다. 당장 프레젠테이션은 시작해야 하고 가장 유력하게 밀어붙여야 하는 브랜드의 대표가 도망가고 있다!

'포기하지 않는 한 실패가 아니다.' 그 당시 나의 좌우명이었다. 아무리 기가 막힌 상황이 닥쳐도 결코 포기하지 않고 집중하면 어떤 문제라도 해결할 수 있다. 일단 커피숍에서 만났다. 갈 때 가더라도 얼굴은 보고 가라고 붙잡은 것이다. 프레젠테이션까지 겨우 30분을 남겨둔 상황. 이미 준비를 끝냈어야 할 때인데 나는 그 대책 없는 오너들과 마주 앉아 있었다. 결과를 먼저 말하자면 그들은 프레젠테이션에 참여했다. 어떻게? 내 설득의 요지는 이랬다.

'까만색 그랜저로 통일된 임원들은 길어야 3년 안에 대부분 퇴직할 거다. 그런데 당신들을 찾아내고 선택한 내가 이 회사의 미래의 주인이다. 그들의 마인드가 중요한가. 향후 임원이 될 내 마인드가 중요한가? 백화점에서 10년 이상 영업할 의사가 있으면 누구를 보고 선택해야 할지 판단해봐라.'

지금 생각해보면 그런 객기를 부린 나도 황당한 사람이었지만 그 이야기를 믿고 결심을 바꾼 그 사람들도 대책 없이 특이했다. 그러나 중요한 건 진심이었다. 진심을 전해라. 진정성이 가장 큰 힘이다. 내 마음을 최선을 다해 보여줘라. 보여주지 않고 표현하지 않으면 아무것도 전달되지 않는다.

진심은 언제나 통한다

한때 업계에 신선한 돌풍을 일으킨 앤티크 가구 브랜드 A가 있다. 그 브랜드가 성공할 수 있었던 이유는 디자인이 매우 독특하고 차별화되어 있는 데다 가격도 일반인들이 엄두를 내면 살 수 있는 수준으로 대중성이 있었기 때문이다. 나중에는 해외 지점까지 낼 정도로 규모가 커졌지만 내가 그 브랜드에 눈독을 들였을 때는 이제 막 붐이 일기 시작하던 시점이었다. 그 가구 브랜드의 오너는 여자였는데 브랜드에 대한 자부심이 하늘을 찌르고 있었다. 입점 요청을 딱 잘라 거절했다. 백화점에서는 자신의 브랜드 콘셉트를 살려서 디스플레이를 할 수 없다는 것이 그 이유였다. 백화점은 특성상 매장 평수에 제약이 많은데, 그녀는 좁은 매장에서는 브랜드 콘셉트를 드러낼 수 없기 때문에 입점하지 않겠다는 것이다. 협상에서 매장 평수는 양보할 방법이 없었기에 그녀의 양보를 받아내야만 했다. 어떻게 하면 A 브랜드를 많은 백화점 중에 처음으로 들여놓을 수 있을지를 끊임없이 고민했다. 그녀는 화통하고 자존심이 강하면서도 가구 디자인을 하는 만큼 감성적이었다. 그 점을 이용하는 것이 유일한 방법이라고 생각했다.

한여름, 소나기가 미친 듯이 퍼붓는 날을 택했다. 마침 호우 경보가 서울 전역에 발효되었던 때였다. 매장에 그녀가 있다는 정보를 입수하고 버스를 타고 이태원으로 향했다. 운전을 할 수도 없는 날씨였다. 때려 붓는 비에는 우산도 소용없었다. 물에 빠진 생쥐 꼴로 매장에 들어섰다. 예상한 대로 여사장은 눈을 동그랗게 뜨며 어이가 없다는 듯한 얼굴로 수건을 들고 나왔다. "이런 비에 왜 왔어요?", "이렇게 비가 오면 오래 함께 얘기를 나눌 수 있을 듯해서요. 이 비에 설마 손님이 오진 않겠죠?"

그 후의 협상은 이미 끝난 것과 다름없었다. 그렇게까지 브랜드를 유치하고 싶다는 진심이 고스란히 그녀에게 전해졌기 때문이었다. 매장 면적은 그녀가 양보했다. 그 정도 열정을 가지고 진심을 다해 진행하는 사람이라면 믿을 수 있다는 것이었다.

지인 중에 강남에 고깃집을 하다 깨끗이 망한 남자가 있다. 직장 생활을 하는 40대 남자는 으레 퇴직 후를 진지하게 고민한다. 내가 직장 생활을 언제까지 더 할 수 있을까라는 불안감은 직장 생활 중에도 자영업에 대해 고개를 길게 빼고 여기저기 두리번거리게 만들기 마련이다. 그역시 그런 케이스였다. 회사에 비전을 느끼지 못했던 그는 마침 아는 식당의 사장이 고깃집으로 승승장구하는 걸 보자 그 역시 친구와 함께 고깃집을 준비했다. 투자금을 만들기 위해 아파트 담보 대출에 마이너스 통장까지 과감히 저질러 버렸다. 결과는 참담한 실패였다. 식당과 직장 생활을 겸하는 양다리 전법이 죽기 살기로 덤벼도 될까 말까 한 식당 영업에서 통할 리 없었다. 직원들은 고기 빼돌리기에 매출 들어먹기까지에 이를 정도로 관리가 이루어지지 않았고 적자를 버틸 만큼 자금이 넉넉지 않았던 나의 지인은 결국 백기 투항했다.

그가 차린 식당이 거의 망해 간다는 이야기를 전해 들은 나는 아예 문을 닫기 전에 한 번이라도 찾아가는 것이 그를 위한 최선이라고 생각해 부랴부랴 시간을 내어 그의 식당에 갔다. 평소에 워낙 자신만만해서 식당이 아니라 기업을 세웠어도 성공할 것 같던 그가 피곤에 절은 표정으로 매장에서 술을 마시고 있었다.

"사장이 술을 마시고 있으면 어떻게 해요? 일을 해야지." 농담처럼 이야기하자 그는 "내 매장에서 내 마음대로 하는데 누가 뭐래?", "손님들이 뭐라 하겠구먼…." 그는 이미 매장을 포기하고 있었다. 그리고 나는 거기서 그가 식당 운영에 실패한 원인을 알게 되고 말았다. 그의 하소연에서 가장 자주 등장하는 말은 고객들에 대한 폄하였다. '제일 싼 거 시켜 처먹으면서….'라는 말에 기겁했다. 내 매장에 들어와 지갑을 여는 사람들에게 그런 마인드로 대하니 장사가 될 리가 있겠는가.

샐러리맨이든 자영업자든 이런 경우가 많다. 백화점에서 편의시설이나 식당 임대 매장을 담당하던 때에 다양한 오너들을 봤다. 이 오너들을 살펴보면 딱 둘로 나뉜다. 고객을 무시하고 뒷담화를 하는 오너와 고객에게 감사하고 존경하는 오너. 후자는 많지 않지만 그중 대표적인 오너를 꼽자면 외식 브랜드의 C 오너가 있다. 그는 국내에서 외식업으로 성공한 입지전적인 인물이다. 당시에 그는 나이 때문에 직접 일하지는 않았지만 늘 매장으로 출근해서 점심 식사를 했다. 한결같이 맛을 체크하기 위해서이다. 그리고 70세가 넘은 오너가 어린이 고객들에게도 말끝마다 '맛있게 잡수셨어요?'라며 높임말을 쓴다. 다른 사람과 이야기를 할 때도 '손님이 잡수실 때, 손님이 오셨을 때'라며 고객에 대한 존경을 담아 이야기한다. 그의 마인드 자체가 고객을 향해 감사와 존경이 가득 차 있는 느낌이다. 내가 본 그의 성공 비결은 바로 그 진정성으로 무장한 마인드였다. '한결같음', '처음처럼' 이 말들은 그를 두고 하는 말이었다.

어디에서나 통하는 백전백승 전략은 진정성이 유일하다. 아무리 다급해도 거짓으로 해결될 일은 없다. 직장 생활을 하면서 막다른 골목이라 생각되는 순간이 가끔 온다. 그럴 때 양손을 내려다봐도 빈주먹이라 느껴지면 마음을 그대로 열어 내보이는 방법을 택해라. 어떤 순간이든 그게 최선이다. 25년 직장 생활을 총결산한 결론이라고 감히 고백한다.

또라이 부하

―――――――― vs ――――――――

무능한 상사

'사랑하는 ○○사업부 여러분, 환영합니다.'

플래카드가 펄럭거린다. 선발대가 준비한 세미나 장소로 들어가니 웰컴 드링크가 놓여 있다. 무엇을 어떻게 섞었는지 미심쩍지만 다들 유쾌하게 마신다. 한 방에 취기를 올리는 술 종류일 것이다. 그래야 다들 말이 많아지고 짧은 시간에 기분이 좋아진다지 아마. ○○사업부의 워크숍이다. 인원은 25명. 때는 초여름으로 이미 신록이 푸르러질 대로 푸르러진 산속에서 새로운 하반기 도전계획을 세우기 위해 사업부 직원들은 오랜만에 모였다.

얼굴을 붉혀 가며 다섯 개 팀의 열띤 난상토론이 네 시간 이상 이어졌다. 자신과 팀의 실적이 걸려 있으니 양보란 없다. 하반기 계획에 다섯 개 팀이 단단한 고리처럼 물려 있기에 합의해야 하는 일이 끝없이 이어진다. 그리고 모두가 만족할 수는 없지만 최선의 결론을 애써 만들어냈다. 다들 지쳤다. 저녁을 먹어야 한다. 직원들은 이번 세미나의 진행을 맡은 영업팀을 재촉한다.

영업팀이 이끄는 대로 펜션 2층으로 올라가는데 상황이 수상쩍다. 계단 계단마다 촛불이다. 그리고 야외 테라스에 차려진 광경에 직원 모두 감탄을 연발했다. 로맨틱한 흑백영화 〈로마의 휴일〉이 한쪽 벽면에 보이고, 깊은 감성의 재즈가 흐른다. 그리고 바비큐 파티가 이어진다. 전직 바텐더였던 직원이 임시로 마련한 바에서 칵테일을 만들고, 또한 전직 레스토랑 셰프였던 직원이 바비큐를 굽는다. 직원 모두 이런 파티를 즐겨본 일이 없다. 말 그대로 첫 경험이다.

술을 마시고 웃고 떠들며 즐기는 사이 파티장은 어느새 댄스플로어로 바뀐다. 조명이 준비되고 쾅쾅대는 고막을 찢는 듯한 음악으로 바뀌자 직원들은 광란의 파티를 시작했다.

1박 2일의 워크숍은 수도 없이 많았지만 직원들은 이때의 워크숍을 몇 년간 두고두고 이야기했다. 직원들이 절대 잊을 수 없다며 되뇌던 워크숍의 기획자는 현 과장이다. 본인이 노는 것을 너무 좋아해서 꾸민 일이다. 자신도 즐기고 동료도 즐겁게 하는 이런 방식이 최고의 효율이다. 내가 좋아서 즐기며 하는 일에 남들이 가치를 부여하는 것보다 더 좋은 일이 있겠는가.

그 이후부터 워크숍에 대한 모두의 기대치가 점점 더 올라갔다. 그다음 워크숍의 콘셉트는 '힐링'. 드레스 코드는 '몸뻬'. 임원부터 막내 사원까지 모두 하의는 몸뻬를 입고 1박 2일을 보냈다. 현란한 꽃무늬가 대부분이다. 남자 직원들의 몸뻬 모습은 보는 이들의 배꼽을 빠지게 했고 분위기는 옷차림 하나로 느긋하고 흥겨워졌다. 몸뻬를 입은 채 팀별 요리 경진대회가 진행됐다. 직접 해 먹는 식사가 그야말로 놀이가 되는 상황. 아래 직원만, 또는 여자 직원만 밥을 하느니 마니 하는 그런 불만이 원천 봉쇄되는 방법이다. 아이디어는 계속되었다.

"제가 힘들고 재미없으면 직원들도 마찬가지겠죠. 다 같은 직원인데 누구는 다를까요. 지루하고 일하기 싫어질 때 동료들도 지금 그렇겠구나 하고 생각하며 놀 거리를 만들죠. 그러면 저도 즐겁고, 다른 이들도 즐거워져요. 이게 직장 다니는 재미죠."

그래서 현 과장은 끊임없이 서프라이즈 파티를 계획한다. 모두의 기대에 부응하기 위해. 그런 그를 동료들은 이벤트 기획자로 생각하지 않는다. 리더십이 뛰어난 직원으로 기억할 따름이다. 직원들의 마음을 읽는 능력으로 늘 '재미'를 만드는 그는 함께 일하고픈 동료 0순위로

꼽힌다.

평소에 윗사람의 말 한마디를 무심히 듣는 사람과 예민하게 촉을 세우는 사람이 있다. 상사가 이야기하던 중 "거기 어디지? 왜 거기 있잖아, 지난번 가보자고 한 식당…."이라고 말했다. 이 경우 H 대리는 멀뚱거리며 "어디… 말씀이신지?"라고 하고 O 대리는 "아, 거기요."라고 응수하면서 손으로는 이미 스마트폰으로 그 식당 메뉴판을 들이댄다. 거기에서 좀 더 기민한 직원은 "거기도 있지만 여기가 요즘 좀 더 핫한…."이라며 업그레이드 버전을 제시한다. 업무를 떠나서 이 한 가지 상황만 보더라도 누가 사랑받겠는가? 상사가 누구와 일하기 즐거워할지 자명하다.

상사는 자신의 마음을 알아주는 부하 직원을 곁에 두고 싶어 한다. 동료도 마찬가지다. 함께 생활하면 유쾌해지는 사람과는 한마디라도 더하고 싶고 더 친해지고 싶다. 같이 일하기에 유쾌하고 즐거운 사람은 결국 이렇게 상대방의 마음을 읽어내는 사람이다. 읽는 것에서 그치지 않고 힘들 때는 다시 기운이 나도록 그 마음을 알아주고 필요한 감정을 채워주는 사람이 최고의 동료이다. 알고 싶은 것이 하나인 상사에게는 그가 미처 생각지 못했던 정보 하나를 추가로 얹어 제시하는 사람이 진정으로 함께하고픈 전우인 셈이다.

공감 능력이 유쾌한 회사 생활을 만든다

"저는 스스로를 괴롭히는 성격이에요. 많은 사람하고 친하게 지내고 싶지 않아요. 그렇지만 소외되는 것도 싫습니다. 회식은 싫은데 일단 참석하면 꿔다놓은 보릿자루처럼 되는 것도 싫어요. 그래서 팀 회식이나 본부 회식이 예정되어 있으면 며칠 전부터 스트레스를 받아요. '누구 옆에 앉아야 하나, 바보처럼 보이지는 않을까' 하면서요. 진짜 바보 같죠?"

진우 씨는 이번이 벌써 다섯 번째 상담이다. 상담을 받는 것 자체도 힘들다. 참고 참다 본인이 정 힘들면 찾아온다. 오늘도 얼마나 힘들다 왔는지 해쓱한 얼굴만 봐도 알 것 같다. 사람들이랑 어울리는 것이 피곤하고, 혼자 있기를 좋아하지만 직장에서 인기 있는 직원을 보면 부럽다. 그런 심리는 사실 대중적이다. 동료들과 우르르 몰려가서 점심을 먹어도 그중에 꼭 리더가 있다. 무엇을 먹고, 어떤 화제로 화기애애하게 이야기를 하고, 퇴근 후 한잔을 제안하는 보이지 않는 리더를 사람들은 좋아한다. 일명 분위기 메이커라 불린다. 그런 사람들이 부러우면서도 정작 본인은 성격상 그런 역할이 어렵다. 그렇다고 내성적인 사람, 리더십이 없는 사람은 '함께 일하기 즐거운 사람'이 될 수 없는 걸까? 그렇지 않다.

공감 능력이란 남의 상황을 이해하고 좋은 상황으로 변모시키기 위해 내가 모두를 이끌어나가야만 하는 능력은 아니다. 물론 그럴 수 있다면 좋겠지만 또 다른 좋은 방법도 있다. 진우 씨처럼 인기 있는 직원이 되는 것을 꿈꾸지만 성격상 엄두도 내지 못하는 사람들은 일대일 전략이 오히려 더 좋다. 예를 들어 힘들어하는 직원이 있다고 치면 그 직원과 일대일로 이야기하며 그에게 공감해주는 것이다. 사실 회사에서는 누구나 다 외롭다. 나 혼자만의 싸움을 겪어야 할 경우도 많다. 그런 상황에서 따뜻한 말 한마디, 책상 위에 말없이 올려놓는 커피 한 잔에 둘도 없는 친구가 되기도 한다. 이런 대응이 차곡차곡 쌓여 회사에서 좋은 인간관계를 맺는 최적의 스킬 중 하나가 된다.

지위가 올라갈수록 부하 직원에 대한 이해도가 떨어지는 이유가 뭘까? 그들이 필드에 있을 때는 펄펄 날면서 유능함을 증명했기에 고속 승진을 하고 임원 자리를 꿰찰 수 있었을 것이다. 그러나 높은 지위에 오른 이들이 예외 없이 아래 직원들에 대한 이해도가 현저히 떨어지는 이유는 관심과 이해 분야에 쏟을 에너지가 더 이상 남아 있지 않기 때문이다. 한정적인 에너지가 다른 분야에 다 몰려서 그렇다. 그래서 지위 상승은 공감 능력 저하라는 결과를 낳는다. 한마디로 부하 직원이던 시절을 잊어버린 것이다.

그래서 함께 일하기 유쾌한 사람들은 주로 아래 직급이거나 젊은 층인 경우가 많다. 사람들과의 공감 능력 자체가 왕성한 만큼 에너지를 쏟을 수 있기 때문이다. 회사에서 인기 있는 사람이 되고 싶다면 다른 직원에 대한 공감 능력을 키울 필요가 있다. 누가 지금 힘든지, 팀 분위기가 가라앉았다면 왜 그런 건지, 어떻게 하면 내가 그들에게 힘이 될 수 있는지를 고민하고, 그 고민에 대한 답을 적용하는 것이 바로 인기 있는 직원이 되는 지름길이다. 내가 유쾌한 일은 남들도 그렇다. 내가 함께 하고 싶은 사람을 그려보고 그 사람처럼 되기 위해 노력하는 것은 너무 뻔하지만 정답이다.

공감 능력이 저하된 직장인은 이미 무능한 상사 대열에 합류한 거다. 그리고 남들이 또라이라고 비웃어도 주변 동료들과 공감하여 그들의 필요를 미리 알아채고 채워나가는 사람은 함께 일하고 싶은 1순위 직원이다. 연예계 스타만 스타가 아니다. 하루 종일 버텨야 하는 직장에서 함께 있으면 유쾌해지는 직원의 존재는 TV 속의 스타보다 더 멋지고 귀하다.

주인공이
주인공인
이유

프레젠테이션까지 몇 시간 남지 않았다. 중간에 대표 의견이 바뀌는 바람에 전체 방향이 틀어진 보고서는 어젯밤 팀원들을 꼬박 밤새우게 했다. 새벽이 부옇게 밝아올 때쯤에야 팀장은 겨우 오케이 사인을 냈다. "다들 해장국이나 먹자." 토끼 눈이 된 팀장의 말에 다들 힘없이 따라 나선다. 입맛이 깔깔하지만 아무튼 프레젠테이션 자료는 일단 마쳤다는 안도감에 부지런히 해장국 한 그릇씩을 비웠다. 이제 그들은 다른 직원들이 출근하기 전까지 두 시간 정도라도 눈을 붙이기 위해 사무실 이리저리 몸을 구겨 넣는다. 팀장도 의자에 앉아 쏟아지는 토막잠을 청했다.

직원들이 출근하는 소리에 사무실이 시끌시끌해지자 잠시 눈을 붙였던 팀원들이 일어나 사무실 화장실에서 양치질과 세수를 하고 옷매무시를 가다듬는다. 그것도 잠이라고 잠깐 누웠더니 몸이 천근만근이다. 이제 프레젠테이션까지는 1시간 남았다. 회의실에서 미리 리허설하며 최종 점검을 해야 한다. 다들 황급히 회의실로 모이는데 2부 발표자인 김 대리가 자리에 없다.

"하아⋯. 저 뺀질이." 팀장의 탄식은 회의실을 들어서는 김 대리의 모습에 왠지 빈정이 상해 터져 나온 불만이다. 팀원들이 잠깐 눈을 붙인 그사이에 택시 타고 집에 가서 샤워하고 새 와이셔츠와 슈트로 갈아입고 나타났다. 새신랑이 따로 없다. 김 대리가 회사에서 인정받는 궁극의 이유다.

한 조사기관에서 실험에 나섰다. 잘 차려입은 남자를 횡단보도 앞에 세우고 신호등이 아직 빨간불일 때 건너가는 모션을 취하도록 했다. 아무 생각 없이 몇 명이 따라가다 신호가 바뀌지 않은 걸 알고 멈춘다. 다음으로는 행색이 초라한 남자가 똑같이 빨간불일 때 횡단보도를 건너가는 척했다. 두 실험의 결과가 어땠을까? 대부분의 사람이 예상하듯 행색이 초라한 사람보다 잘 차려입은 사람을 더 많은 사람이 무의식적으로 따라갔다.

이 실험 내용을 TV로 봤을 때 회사도 이와 다르지 않다는 생각을 했다. 회사에서 본인의 이미지를 만드는 데는 여러 가지 요건이 필요하다. 무엇보다 능력, 성실성, 책임감, 리더십, 동료애를 필두로 유머감각(회식 자리에서 분위기를 띄우는 데 특출한 직원은 진급이 빠르진 않을지언정 누락되는 일은 거의 없다고 봐야 한다)이 주요 요건이다. 그리고 또 하나 절대적인 비중을 차지하는 건 다름 아닌 '외모'다.

이론적으로야 외모가 무슨 상관, 실력이 최고라고 말하지만 그 외모도 실력이다. 원래 부모가 낳아준 외모야 어떻게 바꿀 수 없지만 소위 '이미지'는 자신의 노력으로 상당 부분 바꿀 수 있고 많은 사람이 그런 노력을 하고 있다. 노력에 의한 외모 가꾸기는 관심만 있으면 얼마든지 성과를 낼 수 있다. 이 글을 읽으면서 막 구미가 당기는가? 그럼 당신은 가능성이 더더욱 커진다고 믿어도 좋다.

외모 때문에 일단 옷부터 사는 건 별 효과 없다. 무엇보다 몸과 마음에 좋은 에너지를 채우겠다는 생각이 중요하다. 인스턴트식품이나 조미료가 많이 들어간 음식을 가능한 피하는 것으로 시작한다. 내 몸을 위해 신선하고 좋은 음식을 먹자고 작정하는 것만으로도 이미 반은 성공이다. 업무 중 짬을 내 잠시나마 햇빛을 보며 산책을 하는 건 금상첨화이다.

예전에 아들이 공황장애로 3년 가까이 투병한 시절이 있다. 내 인생에서 가장 어려운 시기이기도 했지만 몸과 마음의 건강에 대해 그때만큼 열심히 공부했던 적도 없었다. 심마니를 흉내 내며 태백산으로 지리산으로 몸에 좋은 약초를 캐러 다녔으니 말 다 했지 않은가.

외모를 가꾸는 것도 실력이다

당시 자연치유법을 공부하는 몇몇 사람들을 만났다. 말 그대로 자연 안에서 병을 치유하고 자연의 기운을 에너지로 바꾸는 일을 연구하는 분들이다. 그들의 공통점은 한결같이 자연과 가까운 음식을 먹는다는 것과 햇빛에 의지한다는 것이었다. 온종일 콘크리트 건물 안에서 회의실과 컴퓨터 앞을 오가며 긴장하고 때로는 화를 내는 등 신경이 날카로운 상태로 지내는 샐러리맨들은 사실 종일 독을 품고 있는 셈이다. '자연'과 정반대되는 환경이니 몸이 좋아질 리 만무하다. 그래서 의도적인 에너지 만들기가 무엇보다 우선되어야 한다.

이런 필요성을 이미 느끼는 직장인들은 신선한 식재료로 직접 도시락을 싸 와서 먹기도 하고 회사 인근의 샐러드 전문점을 이용하기도 한다. 정 안되면 그저 바른 자세로 햇빛 속을 걷는 것만으로도 보약 이상의 효과를 볼 수 있다. 외모를 가꾸는 첫 번째 조건이다. 좋은 에너지를 품는 것이 비싼 화장품을 바르는 것보다 낫기 때문이다.

좋은 기운이 흐르기 시작하면 표정에 생기가 돌기 시작한다. 다음으로 노력해야 할 것은 웃는 얼굴 연습이다. 사람들은 보통 잘 웃지 않는다. 회사에서는 특히 그렇다. 늘 웃고 있는 사람은 아이들뿐이다. 회의 시간에 실없이 웃을 수도 없고 컴퓨터 앞에 앉아서 혼자 웃을 수도 없는 노릇이다 보니 우리는 점점 웃는 방법을 잊어 간다. 그럼에도 불구하고 미소 띤 얼굴을 연습해야 하는 건 이것이 자기 외모의 기준을 상향시킬 수 있는 강력한 한 방이 되기 때문이다.

좋은 에너지와 보기 좋은 미소가 장착되었다면 이제 디테일한 외모 요건이 남았다. 바로 두발과 치아, 그리고 손톱 상태이다. 헤어스타일은 외모의 70%를 차지한다는 미용실의 주장을 온전히 믿지는 않더라도 아무튼 큰 영향을 끼친다는 점에는 어느 누구도 이견이 없을 것이다. 그런데 참 이상한 것은 술값으로는 하룻저녁에 몇십만 원을 호기롭게 쓰는 남자들이 헤어 커트 비용에는 지나치게 인색하다. 물론 저렴한 미용실이 무조건 헤어스타일을 망치는 건 아니다. 그러나 일반적으로 보아 그럴 확률이 높다. 정 커트 비용을 아끼고 싶다면 일단 물어보라. 주변 인들에게 내 헤어스타일이 어떤지. 물론 객관적이고 정확한 충고를 해 줄 사람을 골라야 한다. 괜히 애매한 부하 직원에게 물어보고 그 대답에 만족하면 나중에 웃음거리가 된다.

웃으면 깨끗한 치아, 잘 정리된 손톱, 그리고 세련된 헤어스타일은 이미 당신을 멋진 직장인으로 거의 만들어놓았다. 여기까지가 기본이다. 다음으로는 좀 더 적극적인 노력이 필요하다. 인터넷으로 찾든지 패션

잡지를 구매하든지 아무튼 최근의 멋진 남자, 여자들이 입는 옷차림에 관심을 가져보기 시작하는 당신은 그 이전의 당신과 완전히 다른 사람이 될 수 있다. '그런 것에는 원래 흥미가 없어서'라든가 '그냥 깨끗하게만 입으면 되지. 유난을 떠는 건 딱 질색.'이라는 사람은 본인의 발전에 성의 없는 사람임이 틀림없다. 반드시 비싸고 고급스러운 패션을 고집할 필요는 없다. 핵심은 센스 있는 옷차림인데, 이것 역시 조사하고 고민하지 않으면 답이 없다. 모든 것에는 노력이 필요하다.

후배 중에 외모에 콤플렉스가 있는 E 차장이 있었다. 그는 스스로 뚱뚱하고 못생겼다고 여겼다. 먹는 걸 워낙 좋아하고, 사람 좋아하고, 술 좋아하니 살이 찌는 건 당연한 결과였다. 자존감도 낮아서 복장도 항상 늘 튀지 않도록 감색 양복에 단색 넥타이를 매고 푸른 셔츠만 입었다. 그랬던 그가 어느 순간 회사의 패셔니스타로 변모했다. 출장에 동행했던 한 임원이 '옷걸이가 좋아서 잘 어울릴 듯'이라는 말도 안 되는(E 차장이 느끼기에) 칭찬과 함께 선물한 옷 때문이었다.

선물을 받은 옷은 입고 출근하기 민망할 정도로 화려하고 독특한 디자인의 셔츠였다. 임원이 사준 옷이니 안 입을 수도 없었기에 손발이 오그라드는 심정으로 금요일에 입고 출근했더니 이게 웬일? 보는 사람마다 그의 패션에 찬사를 보냈다. 한마디로 세련되고 센스 있게(금요일이잖아!) 옷을 입었다는 것. 그 이후로 E 차장은 외모에 점점 관심이 커졌다.

때로는 넥타이 대신 스카프나 팔찌 같은 소품으로 분위기를 과감히 바꾸기도 했다. 어느새 인가 그는 '옷을 센스 있게 입는 사람', '젊은 감각', '트렌드를 아는 사람'으로 이미지가 바뀐 것이다. 이러한 노력은 새벽부터 영어학원이나 헬스클럽을 다니며 애쓰는 자기계발 못지않게 중요하고 효과적이다. 누구나 기분 좋은 모습에 끌리기 마련이다.

매력도 실력이다. 자꾸 끌리는 사람은 좋은 에너지를 뿜으며 기분 좋게 웃는 사람이다. 그리고 자신의 분위기를 연출할 줄 아는 사람이다. 가까이에 자신의 외모에 대해 솔직하게 조언해줄 사람을 두면 좋다. 마치 코치처럼. (그러나 그의 감각이 나보다 떨어진다면 속절없는 짓이다). 외모를 포함해 내 말투, 속도, 경청의 보디랭귀지까지. 당신이 누구인지 좌우하는 요소들을 위해 오늘부터라도 애써볼 일이다. 주인공이 주인공인 이유는 바로 여기에 있다.

더 이상
휘둘리지
않아도 된다

"너 같으면 결재하겠냐? 생각이 있는데 이런 걸 가져와? 제정신이
야?!"

결재판이 다시 공중을 난다. 신경질적으로 빨간 줄이 죽죽 그어진 보
고서는 하나씩 낱장으로 사방팔방 흩어져 떨어졌다. 그 큰 사무실에 정
적만이 흐른다. 다들 전화하는 척, 일하느라 바쁜 척해도 모든 시선이
내 등 뒤로 꽂히고 있다는 사실을 난 알 수 있다. 귓불까지 빨개진 얼굴
을 감추느라 일부러 천천히 서류를 한 장씩 집어 올린다. 이런 행동도
팀장에게는 반항으로 보이겠지만 급하게 할 마음이 없다.

팀장과 사사건건 부딪친 건 어제오늘이 아니다. 팀장이 계속 수수료 때문에 찜찜해 하며 붙잡아둔 새 브랜드의 입점 서류를 팀장을 건너 뛰고 사장에게 직접 결재를 받은 것이 화근이었다. 우유부단한 팀장의 결재를 기다리다가는 삼고초려를 하여 백화점에 들여놓으려는 브랜드가 날아가게 생겼다. 그런 조급함에 사고를 치듯 사장실로 직접 들어가 사장에게 상황을 설명하고 결재를 받은 후 일사천리로 일을 진행했다. 팀장과 사이가 깨진 건 불 보듯 뻔한 일이었다. 그러나 그때는 혈기 왕성과 의욕 과다에 시달리는 30대 초반이었으니 뒷일을 생각하지 못하던 때였다. 이후 내 직장 생활은 눈물 없이는 떠올릴 수 없는 가시밭 길이었다.

원래 여자 남자 가리는 건 내 취향이 아니라 언급하고 싶지 않지만 직장 생활을 통해 얻은 변하지 않는 진리 하나. 남자 상사는 여자 부하 직원이 자신에게 항명한다고 느끼면 남자 직원에게 당한 것보다 더 크게 자존심을 다치는 경향이 있다. 유감스럽지만 이는 경험상 사실이다. 아이러니한 건 그렇다고 해서 별 다른 불평 불만이 없는 여자 부하 직원이라 해서 편하게만 생각하는 것은 아니다.

아무튼 짧지 않은 직장 생활 중 가장 힘든 기간이었다. 나중에 예기치 않게 찾아온 팀의 위기 상황을 함께 극복해낸 것을 계기로 팀장과의 관계가 회복되기는 했지만 상사와 사이가 틀어지면 직장 생활 전체가 흔

들린다는 교훈을 얻은 일이었다.

상사와 부하 간에 트러블이 있으면 주로 부하 직원이 비난의 대상이 된다. 역으로 이야기하면 직원들은 보통 '직장 상사는 기본적으로 부하를 향해 마음이 열려 있고 도움을 줄 준비가 되어있다'라고 생각하고 있다는 것이다. 맞는 말이다. 극소수를 제외하면 상사의 마음은 부하를 향해 열려 있다. 함께 성과를 만들어내야 하는 관계이기 때문에 그렇다.

그렇다면 모든 샐러리맨의 고민 중에 대표선수라고 할 만한 직장 상사와 잘 지내기, 또 상사에게 인정받고 사랑받는 비결은 무엇일까. 최우선으로 생각해봐야 할 정의는 이렇다. 직장 상사에 대한 내 생각이 명백한 상하 수직 관계 또는 내게 무엇을 해줄 수 있는 관계나 이익을 얻을 수 있는 상대라는 개념에서 출발하면 이미 꼬이기 시작한다. 왜냐하면 그런 생각을 하는 한 내가 주체가 되는 인간관계가 불가능해지기 때문에 그렇다.

어떤 상사라도 샐러리맨인 건 나와 마찬가지라고 생각해야 할 필요가 있다. 다만 세월의 차이가 있어 그와 나의 역할이 다를 뿐이다. 서로 돕고 팀워크를 이루어 한 가지 목표를 지향하는 '우정을 나누는 사이'라고 관계를 재정립할 필요가 있다. 이러한 개념은 내가 '주체'가 되는 관계가 가능하므로 매우 발전적이다. 수직 관계라는 개념 없이 존경심을 어떻게 표현하느냐고? 존경심은 나보다 상사라서 표현하는 것이 아니고 그의 경험과 지혜, 능력을 존중하는 거다. 단지 상사라서 존경한다는 것은 그야말로 '척'하는 것일 뿐이다.

수직 관계가 아닌 존경하는 동료로서

나의 대학 선배 신오준 팀장이 근무하는 회사의 대표는 S대 출신으로 자타공인 스마트한 직장 생활을 수십 년 이어왔다. 대표쯤 되시는 분은 주로 아래 임원들에게 지시를 내리고 그 많은 말단 직원에게는 별참견을 안 하는 게 정석인데 그는 좀 특별했다. 주임 대리에게까지 직접 지시하고 야단쳐야 직성이 풀리는 분이란다.

회사에 연중 가장 큰 프로젝트가 무사히 끝나고 잠시 소강상태를 보이던 때였다. 늘 사고는 아차 하고 방심하는 순간 일어난다. 모 지점에 들른 대표는 담당 직원들이 한눈에 척척 보이지 않자 짜증이 났다. 평소 같으면 지점장을 불러내서 호되게 잔소리를 할 일이었으나 이날은 본인이 길 잃은 양을 구하듯 직원들을 몸소 찾아 나서기에 이른다.

비극적인 상황은 인근 당구장에서 정점을 찍었다. 어떻게 직원을 당구장에서 찾을 생각을 했는지, 본인도 젊은 날 그런 경험을 했었기 때문인지 이유는 알 수 없으나 무려 네 명이라는 어마어마한 숫자의 직원을 현장에서 검거했다! 대표가 업무 시간 중 당구를 치는 직원들의 목덜미를 잡았으니 그 직원들이 얼마나 혼비백산했을지는 상상에 맡긴다.

이후의 상황은 그야말로 전시상황을 방불케 했다. 검거된 직원들의 담당 과장, 팀장이 줄줄이 불려 들어가 대역죄인처럼 꿇어 엎드리고 그 위의 책임을 맡고 있는 임원들까지 코가 땅에 닿도록 반성을 해야 했다. 마찬가지로 업무 시간에 당구장에 갔던 전력은 있으나 운 좋게 걸리지 않은 불성실한 직원들은 가슴을 쓸어내렸고, '업무시간에 당구장 가는 인간이 있었어!'라며 경악했던 직원들도 후에는 직장 생활 중의 재미있는 에피소드로 두고두고 우려먹었단다.

대표의 성정이 이렇다 보니 다들 고개를 절레절레 흔들고 웬만해서는 직원들이 대표에게 가까이 가지 않으려 했다. 직장에서 대표가 소외되는 기이한 현상까지 이르렀다고나 할까. 이때 평소에 무뚝뚝하기로는 회사에서 탑 순위를 차지할 만한 신 팀장이 나섰다. 아부라든가 사내 정치에 젬병인 그가 점심시간에 사장실에 고개를 들이밀고 식사하러 가시자고 말하는 뒷모습을 보며 직원들은 의아해했다.

"사실 높은 사람이 더 외로운 거야. 아래 직원들은 못마땅하지, 본인 자리는 위태하지, 말을 해도 예전처럼 먹히지도 않지, 얼마나 답답하겠냐. 난 이해가 되던데 뭐….."

선배가 무심하게 했던 말은 그를 상사로서가 아닌 한 인간으로서 연민을 느꼈기에 나온 말이었다. 그가 학교에 다니던 당시부터 사람을 품는 데 넉넉한 스타일이긴 했다. 그 천성은 직장 생활에서도 쓰임이 제법 큰 듯하다.

사실 입장을 바꿔 놓고 생각하면 상사인 그(혹은 그녀)를 이해하기가 어렵지 않다. 점심시간에 함께 밥 먹을 사람이 없고, 퇴근 후 소주 한잔이 간절한데 아래 직원들 눈치만 본다. 윗사람에게 왕창 깨지면 당장이라도 사표를 던지고 싶은 이 마음을 미리 알아주는 부하 직원은 상사에게 '전우'와 다름없다. 내가 그의 입장에 서서 바라보면 그를 도와줄 일이 무엇인지 저절로 알게 된다.

오랜 세월 지속되는 관계는 사랑받는 관계가 아니라 내가 사랑을 주는 관계이다. 내 곁에 남아 있는 사람을 보면 그렇다. 직장은 이익 집단이기 때문에 그 이익 관계가 끝나면 모두들 흩어지게 되어 있다. 그러나 정서적으로 가족처럼 엮인 몇몇 회사 사람들은 인생길을 함께 걸어가는 친구처럼 내 곁에 남는다. 마치 보물과도 같다. 나에게도 그런 자랑할 만한 친구들이 있다. 직장을 떠났어도 그리고 오랜만에 만나도 마치 가족처럼 자연스럽다. 하기야 결혼에, 돌잔치에, 장례식까지 모든 인생의 경조사를 함께 겪는 사람들이 회사 동료들 외에 누가 있겠는가.

그런데 가만히 보면 그 많은 사람 중 지금도 곁에서 함께 하는 사람들은 내가 유난히 좋아했던 사람들이다. 상대를 좋아해야 그 상대에게 휘둘리지 않는다. 상사도 그렇고 동료나 부하 직원까지 다 그렇다. 일 잘한다고 인정해주고 인사고과를 잘 주던 상사가 퇴직 후에도 만나면 좋아죽는 관계가 되리라는 보장은 없다. 그 시절 서로의 이견으로 싸우고 험한 소리가 오가고, 괴롭힘을 당하다 못해 왜 나만 미워하느냐고 대들던 상사가 이제는 베스트 프렌드로 내 곁에 있다.

상사를 인간적으로 같은 일을 향해 정열을 바치는 전우로 생각하는 것, 나보다 선배이니 무엇이든 배울 것이 있으리라는 신뢰를 갖는 것, 입장을 바꿔보면 그도 약하고 부족한 샐러리맨일 뿐이라는 측은지심을 갖는 것, 상사가 어찌 그럴 수 있느냐며 분노하는 것이 아니라 입장 바꿔 생각하며 '그럴 수도 있겠다'라고 가라앉힐 수 있는 평정심을 갖는 것, 당신의 행복이 결국 나의 행복이라는 아량을 갖는 것, 그리고 '인간적으로 당신을 이해합니다'라는 고백…. 이러한 것들이 회사 내에서 직장 상사와 잘 지낼 수 있는 태도이다. 하기야 직장 상사뿐이겠는가, 인간에 대한 기본적인 애정은 어떤 장애물도 넘게 만드는 마법이라 할 수 있다.

샐러리맨이

제일 ————————————————

쉬웠어요

"그만 둘까봐…."

"왜?"

"숨이 막혀."

"그만두면 뭐 하려고?"

"그만두고 나서 생각하려고…."

경주는 책상 서랍을 열었다. 뭐가 얼마나 있는지 눈으로 정리하기 시
작한다. 그만두면 한꺼번에 많은 짐을 챙겨서 나가야 하는데, 남들 보기

도 안 좋으니 조금씩 미리 가져다 놓으면 그만두는 날 가방만 들고 나가는 산뜻함이 민망한 마음을 좀 더 누그러뜨리지 않을까 싶어서….

입사할 때 면접관한테 이 회사에 뼈를 묻겠다고 말했다. 면접관 중 한 명이 '회사가 납골당이냐?'고 되묻는 바람에 와자하게 웃음이 터졌다. 졸지에 트렌드에 맞지 않는 사람이 되었다. 회사에 뼈를 묻는 건 요즘 같은 시대엔 맞지 않는 생각이라고 한다.

아무튼 충성을 맹세한 회사에 입사했을 때는 비로소 마음을 놓을 수 있었다. 병역 기간을 제외하고 대학을 6년 만에 졸업한 후 이래저래 해서 대학 입학한 지 결국 9년 만에 사회로 나선 길이었다. 최종 입사가 확정된 날은 세상을 다 가진 듯했다. 부모님께도 떳떳했다. 그게 제일 좋았다. 넉넉지 않은 살림에 3남매 모두 대학에 보내느라 등골이 휜 부모님께는 할 말이 없다. 제 친구들은요, 미국으로 유럽으로 연수나 여행을 다니느라 방학 때는 얼굴도 볼 수 없다는 식의 푸념은 엄두도 낼 수 없었다. 꼬박꼬박 등록금에 용돈을 주는 것만으로도 부모님은 최선 그 이상을 해주셨고 경주 또한 졸업식 날 이미 취업이 결정되었다는 것 자체로 부모님께 효도를 다 한 셈이었다.

그렇게 들어간 직장이 결코 녹록지 않았다. 이미 회사 분위기를 3개월 겪은 그는 대충 감으로도 알 것 같았다. 그가 꿈꾸던 직장 생활과는 멀어도 너무 멀다. 신입사원이 무슨 슈퍼맨이라도 되는 줄 아는지 선배들은 이리 굴리고 저리 굴렸다. 연수에서 돌아오자마자 분풀이라도 하 듯 그동안 밀린 일을 정신없이 던지는 선배들 덕에 그는 일에 온몸을 불사르는 느낌이었다. 학교에서도 그리 싫은 소리 들은 일이 없었건만 회사에서는 멍청이가 된 듯한 느낌이 자주 들었다. '내가 입사했을 때는 …'으로 시작하는 선배의 이야기에는 이제 지겨움을 지나 자동응답기 수준으로 답하게 되었다.

일 년은 해보자고 결심하고 이를 악물었다. 일 년도 못 채우면 할 말 이 없을 것 같아서였다. 당연한 신입의 역할에 수긍했다. 회식 자리를 잡고 분위기를 띄우고, 온갖 잔심부름에 할 일이 없어도 선배들을 위해 복사라도 하자는 심정으로 대기하던 야근의 세월은 그리 억울하지 않 다. 다만 프로젝트가 시작되는지 알지도 못했건만 분위기 파악 못한다 는 핀잔에 억울하고, 미리 말해주지 그랬냐고 따지지 못함이 속상했다. 경험이 없을 뿐 일에 대한 신념과 의욕은 선배들과 다르지 않다는 것 을 증명해야 하는데 그럴 기회가 그리 많지 않았다. 신경질로 충만한 선 배들에게 자신의 열정을 증명하기엔 단순히 일을 보조하는 것만으로는 역부족이다.

그만하자 마음먹은 건 근무 일 년을 가까스로 넘기고 나서였다. 이제 회사 돌아가는 분위기를 조금 알아채고 눈치껏 움직일 수 있는 시절이 되었다. 그러나 회사 분위기를 알면 알수록 계속 이 회사에 다녀야 하나 싶은 의구심이 들었다. 주말에도 자주 일해야 하고, 야근도 잦고, 선배들은 불만을 입에 달고 산다. 저 선배들한테는 배울 게 있나. 나는 10년 후 김 선배, 20년 후에는 박 부장처럼 되는 인생을 원하고 있나. 한마디로 말해 소모적이다. 그만 두고 싶다.

샐러리맨으로 산다는 것

요즘 신입사원들을 보면 첫 번째 특징이 어렵게 입사해서 쉽게 퇴사한다는 점이다. 기업에서는 기껏 신입사원들을 채용하고 교육했는데 퇴사율이 만만치 않기 때문에 골머리를 앓는 경우도 많다. 이력서 100장을 쓰고도 취업을 못하고 있는 막막한 청년들 입장에서는 이 무슨 배부른 소리고 억울한 시추에이션이냐고 따질 만하다. 치열한 경쟁률 속에 합격한 사람은 한자리를 당당히 차지해놓고 헌 짚신짝 벗어버리듯 쉽게 그 자리를 박차고 나가버리니 그 자리가 일생 소원이던 탈락자들은 억울할밖에.

신입이나 경력 입사자들이 실패 없이 회사에 적응하기 위해서는 몇 가지 마음을 무장할 필요가 있다.

첫째, 입사 후에는 신입이든 경력이든 최대한 빠른 시간 안에 그 조직에 적응하려는 마음이 중요하다. 조직에 적응하는 것은 개인별로 그 소요되는 시간이 다르긴 하다. 그러나 객관적으로 보면 빨리 적응하는 사람이 이후 발전 속도도 빠르기 마련이다. 조직 적응이 제일 기본이자 중요한 일이라는 얘기다.

조직에 들어오면 조직이 공평하다거나 나에게 잘 맞겠다는 생각을 버려야 한다. 조직은 공평하지 않다. 출발점이 다른 경쟁자가 있을 수도 있다. 조직에 시어머니, 시누이들이 일개 군단으로 있다고 마음먹으면 딱 맞다. 요즘이야 환경이 많이 달라져 신입들에게 오히려 시집살이한다고 볼멘소리를 하는 직원들도 있기는 하지만 아무렴 신입사원의 고충만 하겠는가.

수영을 하려고 해도 물에 풍덩 빠져야 헤엄칠 수 있다. 마찬가지로 새로 들어간 그 조직 속에 몸을 완전히 담가야 한다. 한쪽 발 빼고 물속을 들여다봐야 헤엄칠 도리가 없다. 풍덩 빠진다는 것은 그 조직의 문화를 알고자 노력하고 조직원들과 원활한 인간관계를 맺어나가야 함을 의미한다.

둘째, 이제 회사인으로서 적응하기로 마음먹었다면 구체적으로 회사에 어떻게 에너지를 쏟을 것인지 계획을 세워야 한다. 다시 말하면 직장인이 되기 전에 가지고 있던 라이프 사이클을 전면 수정해야 한다는 뜻이다. 간혹 회사를 취미생활 정도로 가볍게 여기는 사람들도 있다. 그런 이들은 회사 생활에 백발백중으로 실패한다. 회사를 삶의 터전이자 인생의 가장 중요한 존재로 여길 만큼 진지해야 한다.

시간은 한정되어 있기 때문에 회사인의 라이프 사이클은 많이 고민해야 한다. 일단 우선순위를 리스트로 만든다. 그리고 그중 후순위는 과감히 포기하며 줄을 박박 긋는 것이 제일 명쾌하게 정리하는 방법이다.

리스트의 예를 보자. 나의 성장에 도움이 되는 일인가? 해도 그만 안 해도 그만인 일인가? 육체적·정신적으로 건강한 일인가? 효율적인 일인가? 질문은 수십 가지로 늘어날 수 있다. 문제는 나 스스로 기준을 제대로 설정해야 하는 일이다. 만약 입사 전에는 늘 새벽 서너 시까지 게임을 하거나 영화를 보다 잠들었다면 직장인이 된 이상 12시에는 잠자리에 드는 습관을 들여야 맑은 정신으로 회사에 있을 수 있다. "제가 원래 야행성이라서요." 운운하는 것은 저는 아직도 어린애입니다 라고 상사들에게 광고하는 것과 같다.

친구들과 저녁마다 만나 술을 마시거나 맛집을 찾아다니며 수다를 떠는 일이 인생의 낙이었던 사람도 과감히 그런 사이클에서 벗어나야 한다. 사진을 찍어 SNS에 올리는 일도 회사인이 되면 전략적으로 수행해야 한다. 새벽 1시에 술집에서 인스타그램에 사진을 올리는 것 또한 프로로 가는 첫발을 아직 떼지 못했다는 것을 의미한다.

자기만의 기준으로 포기할 것은 포기하고 심플하게 정리된 리스트에 따라 회사에 에너지를 쏟으면 적응하는 데 가속도가 붙는다. 그러면 본인의 태도부터 주변 정리까지 달라지기 시작한다. 사실 상사는 책상 위,

컴퓨터 폴더만 지나가며 쓱 봐도 그 직원의 태도를 알 수 있다. 회사에서는 누구에게나 평가된다. 서류만 해도 그렇다. 아무리 간단한 서류라 하더라도 자신이 보고할 서류는 일단 출력해서 몇 번이고 읽어보는 자세가 중요하다. 화면상으로 본인 서류를 훑어보고 메일로 바로 전송하는 신입은 성장 가능성이 불분명하다.

회사에 적응하려 애쓰다 보면 샐러리맨이 어렵지 않다고 느끼는 순간이 온다. 심지어 적성에 딱 맞는다는 심정마저 든다. 여기에 신입사원이라는 유리한 고지를 한껏 활용하면 자신감까지 붙는다. 보통 신입사원들에게는 대부분의 조직원이 관대하기 마련이다. 이럴 때 회사에서 눈에 띄는 모든 이에게 웃는 얼굴로 유쾌하게 인사하는 것으로 자신을 이미지메이킹을 한다면 일단 반은 이긴 게임이다. 입사와 동시에 신입이든 경력이든 프로페셔널해야 한다. 잘 웃고 제대로 인사해야 프로다. 간단한 줄 알고 무시했다가는 영원히 아마추어 신세를 면하지 못할 수 있다. 회사에 발을 들여놓는 순간 누구나 프로선수다. 그렇게 생각해야 홈런도 치고 몸값도 올린다. 야구나 회사나 다를 게 없다.

하지 않아도
──────── 될 일은
하지 않는다

"이 대리 지난번 A 업체에 보내라는 샘플은 어떻게 됐어?"

"아, 그걸 보내긴 했는데 아직 답변이 없어서….'

"B 업체 체결할 계약서는 법무팀에서 검토했나?"

"검토하기는 했는데 아직 확정이….'

"언제 확정되는데? 계약은 언제 할 건데?"

"…확인해 보겠습니다."

이런 직원들 많다. 샘플을 보내라고 했으면 상사가 확인하기 전 보냈다고 보고해야 하고 오케이 여부는 언제까지 알 수 있는지도 보고해야 한다. 계약서는 법무팀에서 검토하여 상사가 재촉하기 전에 최대한 빨리 마치게 하고 계약 일정까지 뽑아 재빠르게 보고하는 게 맞다. 그러나 상식처럼 당연한 일의 프로세스를 실제로 착착 진행하지 못하는 이유가 뭘까? 일하는 요령을 모르기 때문이다.

회사에서 매력적인 사람은 어떤 사람일까? 키가 크고 잘생긴 사람은 TV나 소개팅 자리에서 주로 인기가 있다. 옷을 센스 있게 입거나 미소가 환한 사람도 매력적이긴 하지만 무엇보다 스마트하게 일을 잘하는 사람이 회사에서는 가장 매력적이고 심지어 섹시하게 보인다. 일 잘하는 사람이 되는 방법은 다양하다. 그중 가장 기본적인 것을 꼽자면 시간을 관리하고 주변을 잘 정리하는 습관이다.

일하는 수준이 저마다 다른 이유

쉬셴장의 저서 《하버드 첫 강의 시간관리 수업》에 보면 시간을 관리하기 위한 항목이 심플하게 제시되어 있다. 그런데 이 훌륭한 책에 우리가 몰랐던 놀랍고 새로운 사실이 있는 건 아니다. 알고 있지만 늘 지키지 못하고 흐지부지되는 일들. 이런 조각들을 다시 야무지게 모아 정리만 해도 회사에서 능력을 몇 배 더 발휘하는 직장인으로 변모할 수 있다.

일단 시간의 효율적인 관리를 위해서는 업무에 대한 위임이 이루어져야 한다. 어차피 혼자 사는 세상도 아니고 혼자 일하는 회사도 아닌데 일을 효율적으로 위임하고 나누는 일에 우리는 주저한다. 완벽하게 처리해야 한다는 강박 때문에 그렇기도 하고 유능하게 일을 나누는 일에 서투르기도 하다. 업무가 효율적으로 나누어지고 팀으로 움직이기 시작하면 시간은 관리된다. 처음에는 시간 사용 일지를 작성하는 것이 시간 관리에 많은 도움이 된다. 버려지는 시간이 체크되고 불필요한 부분들은 삭제되어 관리 습관이 몸에 붙기 때문이다.

같은 공간 안에서 같은 일을 해도 일하는 수준이 저마다 다른 이유는 물론 능력의 차이다. 그러나 그 능력이라는 건 타고난 요소보다는 무의식에 흐르는 습관에 의해 좌우되는 것이 대부분이다. 회사에서 상사는 대개 한두 번만 보고도 부하 직원의 웬만한 직무 역량을 판단해 낼 수 있다. 자세히 보지 않아도, 잠깐 이야기만 해보고 어떻게 부하 직원의 역량을 감지하는 걸까. 바로 정리의 능력이다.

시간 관리 다음으로 일을 잘한다고 정의 내릴 수 있는 것 중 하나는 '정리가 잘 되어 있음'이다. '그 친구는 일을 똑 부러지게 한다'가 바로 정리가 잘되어 있다는 또 다른 표현이다. 정리를 잘하는 것은 선천적인 성격의 영향도 있지만 습관으로 얼마든지 만들어 갈 수 있는 항목이다. 일단, 정리하는 습관을 들이겠다는 마음을 먹는 것이 중요하다. 그리고 나서 자신의 주변이 어디가 어떻게 정리가 제대로 안되는지 상황을 정확히 파악해야 한다.

　가장 쉬운 책상 위. 사실 책상 위에는 아무것도 없어도 된다. 서류를 켜켜이 쌓아 두고 쓰지도 않는 볼펜은 왕창 꽂혀 있고 포스트잇 메모가 지저분하게 여기저기 붙어있는 책상은 글쎄… 대부분 머릿속도 정리되지 않은 직원의 책상이라고 감히 판단한다. 영화나 드라마를 보면 엉망진창인 책상에 머리가 부스스한 주인공이 천재에 가까운 능력을 발휘하기도 하지만 그건 그저 영화일 뿐이다. 현실에서 그런 직원은 머릿속도 질서가 문란할 확률이 높다. 머릿속이 무질서하면 당연히 성과가 나오기 어렵다. 지금은 초를 다퉈 가며 일하는 시대이기 때문이다. 책상 위는 업무 성격에 따라 다르겠지만 본인이 판단할 때 절대적으로 필요한 것만 최소한으로 두도록 한다. 언제 어디서나 전화를 받으며 메모할 수 있는 노트 한 권과 펜 두어 자루면 충분하다. 그 외의 자료는 서랍에 일목요연하게 정리해둔다.

　노트북 폴더도 마찬가지. 언제라도 컴퓨터를 열어 원하는 자료를 한번에 찾아낼 수 있도록 정리해놔야 한다. 어디 있는지 여기저기 뒤지는 일이 있으면 '아, 나는 무능함을 자초하는구나'라고 반성해야 한다.

　핸드폰은 개인 비서로 삼아야 한다. 못하는 것이 없는 훌륭한 비서 역할을 맡길 수 있다. 메모장에는 잊으면 안 되는 중요한 사안을 따로 담아두고 습관적으로 열어본다. 아이디어 북도 메모장에 따로 만든다. 그리고 일 단위, 주 단위, 월 단위의 스케줄링도 스마트폰을 이용한다. 이렇게 되면 일을 잘하기 위한 기본적인 요건들이 충족되는 셈이다.

정리되면 계획과 세부 실천 사항들을 시간별로 정리, 관리할 수 있고 업무 중 중요한 내용을 잊는 실수를 줄일 수 있다. 정말 간단한 방법인데 실천하기는 녹록지 않다. 정리 습관이 몸에 붙지 않아서 그렇다. 정리 습관은 자신의 이미지를 상사나 동료에게 어필하는 데도 큰 무기가 될 수 있다. 단지 위에 열거한 네 가지를 시간을 내서 심플하게 만드는 것만으로도 빈틈없고 계획적인 직원의 이미지로 변모한다니 놀랍지 않은가?

예전 직장에서 까다롭기로 첫손가락에 꼽히는 J 임원에게 '퍼펙트 맨'이라는 칭찬을 받는 직원이 있었다. 예전 프로젝트, 현재 진행하고 있는 일, 예정된 일 무엇을 물어봐도 그는 바로 팩트를 정확히 체크해서 보고하는 능력이 있었다. 그의 노하우가 바로 정리와 메모였다. 뭘 물어봐도 뒤적뒤적하지 않는다. 정확히 그 페이지를 열어 한 번에 확인하고 정확하게 보고하는 그의 모습에 상사들은 그를 전적으로 신뢰했다. 사실 따지고 보면 제대로 다이어리를 정리만 해도 이 정도 인정은 받을 수 있다. 그러나 몸에 습관으로 붙지 않으면 늘 아차, 아차 소리를 달고 살아야 한다.

꾸준히 쉬지 않고 정리를 생활화해야 주변도 업무도 머리도 심플해질 수 있다. 머릿속이 심플한지 아닌지는 일단 간단한 내용을 보고하는 직원을 보고도 금방 파악할 수 있다. 정리정돈이 된 직원은 아무리 간단한 보고라도 무엇을 왜 어떻게 했다 또는 할 것이라고 보고한다. 이미 정리가 끝났으니까! 상사의 성격에 따라 결론을 번호 붙여 먼저 제시하는 능력도 일단 정리정돈이 되어 있는 직원만이 할 수 있다.

또한 문제가 발생했을 때는 그 문제의 원인을 파악하고 상황을 분석한 뒤 해결 방법을 제시한다. 제시된 해결 방법으로 진행을 할지 말지를 윗사람에게 허가받으면 바로 세부 계획을 실행에 옮기고 다시 상사에게 피드백을 하는 순서이다. 바로 이러한 프로세스는 머릿속이 심플해야 착착 진행된다. 책상부터 시작해 스마트폰, 노트북, 심지어 자신의 방까지 늘 정리정돈이 되어 있어야 최상의 효과를 누릴 수 있는 셈이다.

"요즘 정신이 없어서." "나이를 먹어서 그런가? 깜빡깜빡해." "너무 바쁘다보니 자꾸 놓치는 게 많습니다." 이런 말들은 모두 의미 없는 핑계일 뿐이다. 시간을 비롯해 주변 정리 습관이 몸에 붙도록 노력한다면 해결될 일이다. 하지 않아도 될 일에 우리는 종종 붙잡혀 헤어나지 못한다. 그리고 정작 놓치지 말아야 할 일은 허둥대다 빠뜨리기 일쑤이다. 매일 아침 같은 스타트라인에 서는 직장인 선수들이 성과의 속도와 수준이 제각각 다른 것은 정리정돈의 습관의 차이가 크게 한몫한다. 달리기 전 운동화 끈을 고쳐 매는 심정으로 주변 정리부터 시작할 일이다.

Chapter 5

내 인생이든,
회사 인생이든
여하튼 로딩 중

애인 같은
————————— 일
찾기

"사랑이 어떻게 변하니?"

사랑, 당연히 변한다. 잘생긴 젊은 날의 배우 유지태가 아무리 절규해도 사랑은 빠르게 변한다는 것이 현실이다. 또 다른 TV CF는 '사랑은 움직이는 거야'라고 일갈한다. 짝짝짝. 동의한다. 여기에 한 가지 더 보태자면 '좋아하는 것'도 사랑하는 것만큼이나 시간의 흐름에 따라 변한다.

그래서 어렵다. 고민에 고민을 거듭해도 내가 무엇을 제일 좋아하는지 수시로 바뀐다고 느낄 때가 있다. 그러니 내가 좋아하는 일을 족집게처럼 찾아낼 수 있다면, 그래서 그 일을 할 수 있다면 행운이다. 기나긴 인생에서 좋아하는 일이 바뀔 때마다 그때그때의 흥미를 좇아가기까지 할 수 있다면 더 바랄 나위가 없겠지만, 시기적절하게 내게 꼭 맞는 좋은 일을 찾기란 말처럼 쉽지 않다.

아이들의 꿈은 어렸을 때부터 수시로 바뀐다. 내 아들만 해도 으레 남자아이들이 거치는 꿈의 단계를 순서대로 밟았다. 꼬마 시절에는 공룡이 되고 싶다고 했다. 공룡이 좋으니까. 이후 어느 정도 사리분별이 가능해지니 소방관, 경찰관, 의사, 대통령, 축구선수를 순서대로 읊었다. 그런데 고등학생이 되고 법대를 가겠다고 할 때부터 '좋아하는 일'과 '좋아하고 싶은 일'을 헷갈리는 듯했다.

아들은 고등학교 2학년 때 갑자기 발생한 공황장애 때문에 학업을 쉬었다. 아픈 내내 아이는 커튼 친 어두운 방안에서 영화와 레고, 그림 그리기로 세월을 보냈다. 이 기간 동안 아들은 좋아하는 일이 아주 많이 바뀌었다. 꿈이라는 것은, 좋아하는 일을 찾는다는 것은 많은 방황과 경험을 필수로 한다. 3년 동안 투병하며 아들은 디자이너라는 최종적인 꿈을 끄집어냈다. '아, 나는 디자이너가 되어야겠구나. 그 일이라면 잘할 수 있고, 행복할 수 있겠구나' 하는 결심을 3년 만에 찾아냈다. 좋아하는 일을 찾는 과정에는 싸워야 할 병이 있었고, 고립된 채 버텨야 할 힘든 시간이 있었다. 그리고 그 시간을 채운 것은 1천 편에 가까운 영화와 여행, 캔버스와 물감이었다.

내가 좋아하는 일이 세상에 존재하기는 하는 것일까? 무슨 일에건 미처 사는 사람들을 우리는 부러워한다. 그리고 혼자 중얼거린다. '나는 도대체 미치게 좋아하는 일이 없단 말이야.' 그러나 정확히 말하면 없는 것이 아니라 애써 찾아보지 않은 것이다. 세월이 지나 후회하지 않도록 좋아하는 일을 찾는 것은 사실 어렵지 않다. 특히, 직장 생활 속에서 내가 좋아하는 일을 실천할 수 있다면 그만큼 큰 축복이 없을 것이다. 신입 시절에서 퇴직 시점까지, 직장 생활의 단계에 따라 좋아하는 일 찾는 법을 알아보자.

경험해보아야만 알 수 있다

신입시절 좋아하는 일을 찾는다는 것은 자신이 전문인으로 커야 할 부서를 정하는 것을 의미한다. 만약 어느 신입 직원이 기획이나 마케팅 부서를 지원한다고 했을 때, 자신이 꿈에 그리던 부서로 발령이 나지 않으면 무척 당황한다. 마치 꿈이 거절당한 듯한 피해의식에 휩싸이기도 한다. 그러나 직장 생활이 하루 이틀 만에 끝날 것도 아닌데 실망하기에는 이르다.

예전에 직장에서 신입 사원의 멘토를 맡던 시절, 눈 크고 겁 많은 후배를 만나게 되었다. 그는 마케팅팀에 가고 싶은데 관리부로 발령이 나서 어찌할 바를 모르겠다고 했다.

"저는 처음부터 찍혔나봐요. 관리부는 점수 낮은 직원을 보내는 데라는 소문이 있던데, 아닌가요? 별 전문성이 없어도 될 것 같고…. 저는 이제 이 회사에서 희망이 없는 게 아닌가 싶어요. 시간 낭비 말고 퇴사를 해야 할지 고민이네요."

이런 종류의 고민을 가진 직원은 사실 많다. 문제는 부서 업무를 직접 경험해보지 않고서는 그 일을 내가 좋아하는지 아닌지 절대 알 수 없다는 점에 있다. 마케팅 일을 경험해보지도 않고 그저 생각만으로 다른 일은 안 되겠다니. 이런 친구를 상담하려면 상당한 인내심이 요구된다. 그때 코칭한 이야기의 핵심은 다름 아닌 '열심히 경험해라'였다. 영업이든 관리든 누구보다 열심히 경험하면서 동시에 마케팅에 대한 관심을 표현하라는 것이다. 회사의 홍보 방법을 고민해서 제안하거나 SNS를 이용한 기발한 마케팅을 본인이 주도해볼 수 있다.

예전 직장에서 인턴 사원이 회사 브랜드를 홍보하는 3분짜리 유쾌한 홍보 영상을 지하철 출근길에 찍었다. 이것을 유튜브에 올려 상당히 화제가 된 적이 있었다. 물론 회사에서 낸 과제는 아니었다. 그저 재미있게 친구와 만든 영상이라고 한다. 그렇게까지 화제가 될 줄 알았다면 더 공들여 찍을 것을 그랬다며 안타까워했다. 그 인턴이 이후 정규직으로 채용된 것은 두말할 나위 없다. 모든 것이 경험이고 시도다. 이왕이면 스스로 흥미로운 내용을 즐겁게 하면 금상첨화다. 그렇게 다양한 노력이 시도되어야 스스로 좋아하는 일을 찾을 수 있다.

신입을 지난 중견 사원들도 이런 고민은 마찬가지다. '나는 지금 제대로 가고 있나?' 스스로의 인생 방향을 의심하고 불안해지는 시기가 있기 마련이다. 입사한지 이제 10~15년차 정도 되면 그런 과정을 거치고도 남는다. 이때 직장 생활을 계속할지 아닌지 고민한다. 이 직장에서 별을 달겠다고 생각하면 개인적인 사생활도 대부분 희생하며 오로지 일에 매달려야 한다. 그래야 임원이 되든 말든 결론이 난다. 이도 저도 아닌 어정쩡한 자세로 '워라밸'을 외치고 있으면 흐지부지 직장 생활이 끝날 수 있다. 끝내도 내가 주도적으로 끝내야 폼이 난다. 이 시기에도 다양한 시도는 매우 중요하다.

요즘은 조기 퇴직이 화두가 된 만큼 보통 30대 후반만 되어도 퇴직 후 무엇을 할지 관심이 많아진다. 건축에 쓰이는 도배나 미장 학원에 샐러리맨 수강생이 북적인다는 기사는 그래서 공감이 간다. 머릿속으로 생각만 하거나 인터넷으로 검색한 정보, 지인들의 충고는 사실 매우 주변적인 내용이다. 풀이든 시멘트든 본인이 직접 발라보는 경험은 내가 정말 좋아하는 일이 무엇인지, 은퇴 후 내 직업으로 맞을지 찾아내는 건강한 방법 중 하나다.

R 선배는 퇴직 후 설계를 일찌감치 세운 편이었다. 그의 인생 제2막은 게스트하우스를 운영하며 전원생활을 즐기는 것이었다. 집 앞뒤로 텃밭

도 가꾸며 자급자족하는 유기농 식단은 덤이었다. 투자 가치가 있는 시골 전원주택을 고르던 중 적당한 가격에 마음에 꼭 맞는 집이 있어 덜컥 매입했다. 그리고 와이프와 함께 평창에서도 한참을 들어가는 시골에 안착했다. 그때만 해도 본인이 좋아하는 일이 그것이라 확신하고 있었다.

그러나 웬걸, 사람이 없는 적막강산은 그의 취향이 아니라는 사실을 뒤늦게 알았다. 게스트하우스에 머물 외국인 고객들은 들쭉날쭉하니 찾아와 생활에 보탬이 되지 않았고 사람이 없다보니 말동무도 없어 외로움은 극에 달했다. 게다가 평생 육체노동이라고는 해본 적 없는 선배는 본인이 텃밭 가꾸기에 소질도, 흥미도 없다는 사실을 나중에야 깨달았다. 이 모든 것이 전원생활을 책으로 배웠기 때문이다. 본인이 직접 경험하지 않는 것은 좋아하는 일이라 확신할 수 없다.

가장 행복한 선택은 좋아하는 일을 평생 업으로 삼으며 사는 것이다. 그러나 말처럼 쉬운 일은 아니다. 좋아하는 일과 잘하는 일을 가릴 줄 알아야 하고 잘하고 싶은 일과 잘할 수 있는 일을 냉정하게 구분해야 한다. 뭔지 모르겠거든 몸으로 직접 찾는 수밖에 없다. 세상에 있는 수많은 일 중에 내가 경험해본 일은 몇 가지나 될까? 그중에 반드시 내가 좋아하는 일이 있게 마련이다. 많이 경험할수록 애인 같은 일을 찾을 확률은 커진다. 지금 직장에 단단히 발 디디고서서 최선과 열정, 그리고 호기심을 재료 삼아 다음 미래를 만들어야 할 숙제가 스스로에게 주어져 있다. 내 인생을 채울 또 다른 도전과 기쁨, 그것은 저절로 얻어지지 않는다. 온갖 정성과 기대를 담아 한 걸음씩 몸으로 부딪쳐야 한다. 미래는 정직하다.

내 인생을
존중한다는 ─────────
의미

〈침묵〉은 배우 최민식이 주연한 영화다. 최민식이 열연한 극중 인물 임태산은 사랑하는 딸을 위해 스스로 살인죄를 뒤집어쓰고 감옥에 수 감된다. 이 사실을 알게 된 딸이 아버지의 면회를 와서는 교도소 창살 너머의 그를 보며 울부짖는다.

"내가 뭐라고 해야 돼? 고맙다고 해야 돼? 미안하다고 해야 돼?"

비뚤어진 청소년기로 아버지 속만 썩이다 결국 살인죄까지 덮어쓰게 했으니 딸의 마음이 어땠을까. 그런 딸의 질문에 아버지는 대답한다.

"잘 살아야지."

왜 이 대사가 그렇게 마음을 울렸을까. 최민식의 묵직한 저음으로 전달된 그 한 마디에는 자식을 향한 부모의 복잡하지만 진심어린 천 갈래 만 갈래 마음이 그대로 녹아 관객들에게 전해졌다. 부모가 자식에게, 스승이 제자에게, 다른 어떤 관계라도 사랑하는 사람에게는 잘살라는 축복을 하게 마련이다.

잘 산다는 것은 뭘까. 어떻게 해야 잘 살 수 있는 것일까. 그 기준을 회사로 옮기면 어떤 답을 얻어야 할까. 직장에서 잘 사는 방법은 대부분 성공이라는 이름으로 정의된다. 직장에서 기필코 성공하고 싶은 직장인은 무엇을 어떻게 해야 하는 것일까.

직장을 다니는 샐러리맨은 크게 세 부류로 나뉜다. 첫째, 평생 샐러리맨으로 살며 직장 내에서 성공하고픈 직장형. 둘째, 어떻게 하든 빨리 독립해서 나만의 사업을 시작하고픈 창업형. 셋째, 이도저도 아닌 중도형. 하루하루 직장생활을 바쁘게 하고는 있지만 별 보람도 느끼지 못하고 그렇다고 퇴사를 준비할 만큼 불만스럽지도 않다. 직장생활이 다 거기서 거기라고 생각하며 직장 밖에서 보내는 삶의 질을 보다 풍성하게 하는 데 관심을 기울이는 이들이 중도형에 속한다.

첫째로 꼽은 직장형은 사실 점점 줄어들고 있다. 왜냐하면 회사에서 끝장 볼 자신이 없기 때문이다. 기업에서 샐러리맨의 별이라고 할 수 있는 임원이 될 가능성은 전체 신입을 기준으로 할 때 3% 안팎이다. 20년 이상 직장 생활을 하며 별 탈이 없어야 하고 꾸준히 인정받으며 한꺼번에 몇 계단씩 남보다 빠르게 성장해야 한다.

요즘처럼 조기 은퇴가 유행처럼 번지고 있는 분위기에서는 더욱 젊은 세대들이 한 직장에서 20년 이상을 머물기가 쉽지 않다. '이 한 몸 회사를 위해 평생을 바쳐…!'라고 목에 핏대를 올릴 직원은 거의 찾아보기 힘든 시절이 되었다. 그럼에도 불구하고 야심찬 샐러리맨들은 회사에서 임원이 될 것을 꿈꾸고 CEO가 되기를 소원한다. 이들이 마음뿐이 아니라 실제 회사에서 성공을 거머쥐려면 기본기부터 다지는 성공 단계를 착실히 실천해야 한다.

나의 꿈은 직장 안에서 인정받아 임원이 되고 대표가 되는 것 이라고 결정한 사람이라면 일단 스스로가 기본기에 충실한가부터 점검해보자. 올림픽 대표 선수를 꿈꾸면서도 기초 체력을 단련시키는 데 관심이 없다면 이미 그 선수는 선수로서의 자질이 없는 것과 마찬가지다. 직장 생활도 별반 다르지 않다. 직장 생활의 기본이란 내게 주어진 어떤 일도 기꺼운 마음으로 해내는 자세다. 회사에서 누구나 폼 나는 일을 하고 싶어 한다. 그래서 주로 '전략'이나 '기획', '해외 사업'이라는 말을 달기를 좋아한다. 그리고 일반 관리 부서에는 별반 흥미를 느끼지 못한다. 그러나 이런 편견은 자신이 직장에서 성공하는 데 걸림돌이다.

일단 회사에서 부서 발령을 받은 신입 사원을 예로 들어보면, 어떤 부서에 발령을 받았든 중요하지 않다. 제일 중요한 것은 새로 발령받은 그 부서의 아주 사소하고 작은 일에 관심을 갖고 끊임없이 연구하는 자세를 기본으로 갖춰야 한다는 점이다.

구글의 한 임원이 강연하는 것을 들었다. 가장 인상 깊었던 것은 그의 신입 시절의 태도였다. 남들이 가기 싫어하는 전산실에서 그는 복사를 하면서도 성실하게 최선을 다했다. 그래서 당시만 해도 낯선 개념이었던 인터넷의 여러 선진 정보를 접할 기회가 빨리 찾아왔다. 그리고 남들이 모두 맡고 싶어 하는 미국이나 유럽 지사가 아닌 이스라엘 지사를 맡게 됨으로써 신입 사원이지만 비중 있는 역할을 빨리 경험할 수 있었다고 말했다. 그의 성공은 행운이 아니었다. 바로 직장 생활에 임하는 자세 때문이었던 것이다.

직장에서 최고가 되기란 절대 쉽지 않다. 작은 것을 꾸준하게 소명 의식을 가지고 노력하는 것으로 시작해야 한다. 그 작은 분야에서 최고가되는 노력을 끊임없이 경주하는 것만이 정글에서 살아남을 수 있는 기본 법칙이다. 성공 방정식은 사실 이론상으로는 아주 간단하다. 사람들이 원하는 방향을 알아내고 그것을 가능하게 해주는 것에서 시작하면된다. 각자 어떤 회사에서 어떤 업무를 하고 있던 이 기본적인 룰을 끊임없이 적용한다면 직장에서의 성공은 불가능한 남의 이야기가 아니다.

자신의 직장이 나의 꿈이라고 말하는 직장인이 얼마나 될까. '여기가 나의 꿈이었어. 회사가 나의 꿈을 이루도록 도와주는 거야'라고 감탄하면서 말이다. 이렇게 일하는 사람들은 개인적인 시간을 희생해도 억울하지 않다. 나의 꿈을 위해 일하고 있기 때문이다. 근본적으로 회사를 위해 일한다는 사람과 나를 위해 일한다는 사람은 같은 일을 하더라도 그 출발선이 다르다. 당연히 도착지점도 전혀 다르게 되어있다.

직장을 내 꿈으로 생각하고 일하면 어떨까? 그 회사에서 몇 년을 일하든 세월이 흐른 후 분명히 전문가가 되어 있을 것이 틀림없다. 직장이 꿈을 이루는 터전이라고 생각하면 대단히 효율적이다. 꿈을 단지 마음속으로 품고만 있어서는 아무 의미가 없기 때문이다. 매일 현장에서 꿈을 실현시키는 것, 그야말로 회사 좋고 내가 좋고 일거양득이 따로 없다.

나는 직장형 인간일까, 사업형 인간일까

그렇다면 퇴사해서 독립적으로 성공하고 싶은 사람은 어떻게 해야 할까? 사실 많은 직장인이 퇴사 후 창업을 꿈꾼다. 그러나 그중 성공하는 확률은 매우 낮다. 현실이 그렇다. 창업을 하고서도 직장 시절을 그리워하는 사람들이 많다. 비가 오나 눈이 오나 제때 월급 나오고 휴일날 발 뻗고 잘 수 있는 샐러리맨 시절이 얼마나 좋았는지 되새김질 하는 것이다.

처음에는 회사에 매인 것이 적성에 맞지 않는다고 생각한다. 창업하면 여러 성공 신화처럼 나도 큰 성공을 거둘 수 있다는 희망이 불끈 솟기도 한다. 그러나 그런 마음만으로 독립을 결정하는 것은 상당히 위험하다. 자영업으로 독립해 성공하고 싶은 사람은 자신에게 그 방향이 맞는지 테스트해봐야 한다.

가장 간단하고 쉬운 방법이 있다. 당신이 상품력 있다고 판단되는 아이템을 100개 정도 싸게 구매한다. 그리고 이것에 이윤을 붙여 팔아본다. 또 하나, 아무 매장이라도 들어간다. 물건이나 음식 값을 깎아달라고 말한다. 종업원이 이상한 사람이라 여기든 말든 만약 거기서 성공하지 못하면 그냥 직장 생활을 하는 것이 낫다. 창업해서 성공으로 가는 길은 누군가에게 늘 부탁을 해야 하는 일이다. 또 작은 이윤을 위해 천리를 뛰어야 하는 사람이 자영업을 해야 성공한다. 이도 저도 싫으면 유감스럽지만 자격 미달이다.

직장에서 성공을 하든 창업해서 신화를 낳든, 성공하기 위한 하나의 공통점을 찾자면 다음과 같다. 스티브 잡스의 말처럼 밤에 잠자리에 들며 '오늘 정말 굉장한 일을 했어'라고 자평할 수 있어야 한다는 것이다. 여기에 아놀드 슈왈제네거의 어록 한 가지를 더 보탠다. '승리는 경쟁하러 나온 사람이 아니라 이기러 나온 사람이 갖고 간다.' 힘든 훈련을 견뎌야 힘 있는 사람이 된다. 뭘 하든 그 분야에서 성공이라는 훈장을 받기 위해서는 자신의 일을 사랑하는 것이 무엇보다 우선이다. 또한 그 일이 위대하다고 믿어야 한다. 그래야 자신의 인생을 스스로 아끼고 존중한다. 성공은 자신의 인생을 존중하는 사람의 몫이다.

다시 쓰는 인생 이력서

수영을 시작한지 6개월이 다 되어간다. 어떤 운동을 시작해 연속 몇 달을 하게 된 건 내 인생에 처음 있는 일이다. 사실 수영이 좋아서 시작한 건 아니다. 천성이 운동을 달가워하지 않는 나는 몸을 위한답시고 하는 일이 오로지 그냥 걷기뿐이다. 그것도 일정한 시간에 얽매이고 싶지 않다는 핑계로 아무 때나 걷고 싶을 때 걷는 것이 전부다.

그러다보니 제대로 운동이 될 리 없다. 나이 때문인지 여기저기 아프기까지 한다. 그래서 과감히 일생 처음으로 수영을 시작했다. 수영장에 마지못해 나가니 내 나이가 제일 많다. 하필 수영을 시작한 때가 방학

중이라 마치 펄떡이는 물고기마냥 젊은 수강생이 대부분이다. '에구에구' 하며 미리부터 앓는 소리를 내는 나에게 수영 강사가 '음파! 음파!' 부터 시작하란다. '음파'라는 소리를 내며 호흡법을 익히라는 뜻이다.

남들은 앞으로 쭉쭉 나가는데 나의 발차기는 물에 둥둥 떠 있는 것이 최선이다. 앞으로 나갈 생각도 안하면서 숨은 왜 그리 차는가. 이걸 왜 시작했나 하는 생각이 들고, 안쓰럽게 나를 바라보는 딸애 같은 동료 수강생 앞에서 민망하다. 그러나 몇 개월 '나 죽었습니다' 하고 수영장을 들락거리자 실력이 조금씩 변한다. 이제 다른 수강생에게 걸리적거리거나 몸이 뒤집혀서 웃음거리가 되지는 않을 수준으로 발전했다. 의연하게 수영을 할 수 있는데다 여기저기 아프다는 소리도 쏙 들어갔다. 살도 빠지고 어깨도 아프지 않고 피로감도 훨씬 덜하다. 이 나이에 수영을 왜 시작했냐고 하던 후회는 그야말로 어리석은 일이었다. 심지어 요즘은 다시 무엇을 새로 배워볼까 자주 고민한다.

사실 나이가 오십이면 무엇인가를 새로 배우기에는 늦었다고, 그보다는 그동안 쌓아올린 전문성을 보여야 한다고 생각하는 사람이 많다. 그렇지 않으면 부끄러운 것이라고 여기기도 한다. 바로 내가 그랬다. 회사를 퇴직하고 나니 처음에 든 생각이 '과연 나는 무엇을 하며 살아왔느냐'는 자괴감이었다. 실제 내가 잘할 수 있는 건 아무것도 없다는 절망감과 불안에 휩싸이기도 했다. 그리고 '다시 이마와 콧등에 땀이 송골송

골 맺히도록 열심히 뛰었던 신입 시절로 시간을 돌이킬 수 있다면…' 하고 상상한다. 그러면 좀 더 지혜롭게 직장 생활 속에서 자기계발을 할 수 있지 않을까 하는 아쉬움이 남는 것이다.

남들이 하니까 나도 하는 영어 공부

자기계발서적이 난무한다. 일면식도 없는 남에게 이래라저래라 하는 피곤한 충고가 만연해 있다. 일단 자기계발서를 보는 사람은 많다. 그러나 한 쪽이라도 본인 생활에 적용시키기란 만만치 않다. 그저 책을 읽었을 뿐, 행동은 전혀 변하지 않는다. 머리에서는 이해했는데 가슴으로 느껴 행동하기까지가 천리만리다.

새벽부터 어학 학원이 붐비는 나라는 대한민국밖에 없다. 부지런하기가 우리와 막상막하를 이루는 이웃 일본만 하더라도 샐러리맨이 새벽에 학원에 가서 공부하고 출근하지는 않는다. 그러나 그렇게 대한민국 학원이 붐빈다고 할지라도 실제 영어나 외국어를 피땀 나게 공부해 성공하는 사례는 그리 많지 않다. 외국어를 대충 배우며 학원을 건성으로 다니다 결국 흐지부지 그만두는 경우도 많다.

왜 이런 걸까? 스스로 맞춤형 자기계발 계획을 세우지 않았기 때문이다. 남들이 열 올리고 있는 자기계발이 자신에게 맞으리라는 보장이 없다. 남이 입어야 할 옷을 자기 몸에 맞추니 늘 자기계발 계획 자체가 틀어지는 것이다. 일단 생각을 바꾸자. 남들이 하니 나도 따라하는 어학 공부, 자기계발서적 탐독, 헬스클럽 다니기 등등은 소용없다.

맞춤형 자기계발 방법을 살펴보자. 가장 먼저 해야 할 일은 '나는 과연 무슨 일을 하면 행복할까'를 생각해보는 것이다. 샐러리맨 생활을 즐기는가? 아니면 늦지 않게 창업해서 내 가게를 갖는 것을 꿈꾸는가? 책 속에 파묻혀 작가가 되고 싶은 사람이나 돈이 크게 되지 않더라도 오지 여행가가 되고 싶은 사람도 있을 것이다.

운 좋게 내가 좋아하는 일을 찾아냈다면 그 다음으로는 그 일을 하기 위한 장기적인 목표를 세우고, 이것을 다시 잘게 쪼개서 작은 목표들을 세워나간다. 이때 명심해야 할 것은 단 한 가지. 이 목표의 전제 조건은 '전문가'가 되는 것이다. 전문적이지 않다면 딱히 자기계발이라는 거창한 명제를 대입시킬 필요가 없다. 이직이나 창업, 승진을 생각하더라도 전문성이 담보되어야 한다.

예를 들어 3년 후 원하는 회사로 이직하거나 독립하는 것을 목표로 한다고 가정해보자. 아니면 3년 만에 특진을 포함해 부장으로 승진하는 것을 목표로 삼아도 좋다. 그 어떤 것도 그 분야에서 전문적이라야 승부가 난다. 어떤 분야든 전문가를 향한 중장기 목표를 설정하고 나면 작은 계획들을 꼼꼼히 세운다.

다음으로는 자기계발을 위한 결코 변하지 않는 원칙들을 최선을 다해 지키는 것이 핵심 포인트다. 첫째, 시간을 효율적으로 관리하는 데 관심을 기울여야 한다. 누구에게나 공평한 시간을 제대로 관리하는 것이 바로 나의 인격이고 가치다. 나의 하루는 얼마의 가치가 있는가. 내 인생은 오늘 하루에 달려 있다. 오늘이 바뀌어야 내일도 바뀐다. 어제와 똑같이 산 오늘이라면 내일도 전혀 바뀔 일이 아니다. 이때껏 아무것도 하지 않았어도 좋다. '지금 즉시' 달라지면 된다.

둘째, 자신이 닮고 싶은 인생과 내가 원하는 성공 스토리에 끊임없이 관심을 갖고 동기 부여를 받아야 한다. 사실 스스로의 시간과 노력을 관리하는 일은 말처럼 쉽지 않다. 그리고 내게 학창 시절처럼 이래라저래라 하는 선생님도 없다. 내가 나의 엄한 선생님이 되는 수밖에. 그러려면 닮고 싶고 부러운 누군가의 이야기를 자주 읽고 자극받는 것이 필요하다. 이는 스스로를 성장시키기에 절대적으로 필요한 동력이 된다.

셋째, 육체적 그리고 정신적 건강에 큰 욕심을 내야 한다. 성공하려면 건강해야 한다는 이야기는 아무리 강조해도 지나치지 않다. 당연한 말이지만 건강하지 않은 상태라면 자기계발 노력을 아무리 한다 해도 성취할 수 있는 것이 별로 없다. 새벽 시간을 이용해 헬스클럽과 영어 학원 두 가지 중 한 가지를 골라야 한다면 망설일 여지도 없이 헬스클럽을 추천한다. 자주 피곤하면 의욕도 없어지고 마음이 좁아지기 때문이다.

주변에 건강 때문에 자신의 꿈을 접거나 인생이 힘들어지는 경우를 많이 본다. 특히 나이가 들수록 그런 일이 잦다. 예전에 일 욕심이 많은 후배가 있었다. 욕심 많은 후배야 여럿 보았지만, 이 친구는 고혈압에 당뇨가 있음에도 술자리라면 빠짐없이 참석했고 주말에도 언제나 책상을 지켰다. 그의 목표는 언제나 동료들보다 먼저 인정받아 빨리 승진하는 것이었다. 그런데 건강을 너무 도외시했다. 회사는 영악한 이익 집단이다. 결코 건강이 아슬아슬한 사람을 인재로 키우지 않는다. 투자할 가치가 있는 인재는 투자한 결과를 회수할 때까지 무한히 뛰어줄 수 있는 직원이다. 건강을 해치면서까지 회사에 충성하는 직원은 인정은커녕 오히려 시한폭탄이라 상사 입장에서는 곁에 두기 꺼려진다.

건강이란 육체뿐만 아니라 정신적인 면도 포함된다. 이것은 영순위다. 정신 건강을 위해서는 스스로를 좀 괜찮은 사람으로 느끼는 것이 중요하다. 나의 힘을 필요로 하는 이가 있다면 언제라도 흔쾌히 거들겠다는 태도, 약속을 지키고 정직한 마음을 유지하는 것, 이런 원론적인 일을 실천해나가는 것이 도움이 된다. 타인 때문이 아니라 나를 위해서 그렇다.

나는 내 인생의 CEO다. 누구나 자기 인생을 경영하며 산다. 회사에는 중장기 목표가 있고 환경에 따라 그 목표를 수시로 점검하고 부분적으로 수정한다. 개인도 마찬가지다. 내 인생의 목표를 때에 따라 점검하고 점수를 관리하고 필요에 따라 수정해야 한다. 인생 이력서는 이렇게 세월에 따라 덧입혀진다.

성공하겠다고 마음먹는 사람은 그렇지 않은 사람과 일단 출발선이 다르다. 출발선이 다르면 결과도 달라지게 마련이다. '자기계발'은 다른 출발선에 서기 위한 노력이다. 그러나 그곳에 정말 '자기'가 있는지 다시 한 번 고민해볼 일이다. 만약 나 자신이 그곳에 있다면 이 원칙들을 계단처럼 천천히 그러나 쉬지 않고 밟아 오르면 된다. 자기계발에 늦은 때는 없다. 자신이 온전히 주체가 된다면 말이다.

어느 날 문득
회사를 ————
떠납니다

내가 좋아하는 사람들이 있다. 예전부터 친했던 전 직장 선배들과의 모임이다. 모임 이름도 없이 멤버 중 누군가 '얼굴이나 보자'라고 하면 소집되는 즉흥 모임이다. 퇴직까지 했으니 시간이나 규정에 묶이지 말자는 공감대 때문인가, 아무튼 모이라고 하면 군소리 없이 좋아하며 속속 집합한다. 모여서 술을 마시든 밥을 먹든 대여섯 시간은 기본이다. 쉬지 않고 이야기를 쏟아놓는다. 일이 어떻게 진행되고 있는지 차례로 털어놓기 시작해 가족들 안부도 중간중간 서로 확인해주고, 얼마나 실물 경기가 어려운지 침을 튀기며 흥분하는 걸로 중간 정리를 하는 단계에 이른다.

그러고 나서 다시 시작되는 이야기는 서로가 알 법한 사람들의 근황, 즉 퇴직한 지인들의 소식이다. 그들이 새롭게 시작한 일은 무엇인지, 그 일이 어떻게 돌아가고 있는지 화제가 되면 그렇게 진지할 수 없다. 나 말고 다른 퇴직자들은 어떻게 살고 있는지 알아보는 걸로 내가 지금 온전히 하고 있는 건지 확인하고픈 심리 같다. 퇴직자들의 근황 끝에 나오는 결론은 꼭 '미리 은퇴 준비를 했으면 더 좋지 않았을까' 하는 회한이다.

성공적인 은퇴 이후를 위해서는 무엇보다 마음의 은퇴 준비가 중요하다. 그리고 자신이 어떤 일에 종사했건 관계없이 은퇴 후 인생 2막에서는 하고자 하는 일의 범위를 최대한 넓히는 편이 여러모로 좋다. 그래야 온전한 자유가 온다.

"커피 뽑다가 나 도망갔잖아. 저쪽에서 낯익은 사람들이 걸어오는 거야. 우리 커피 부스를 향해서 말이지. 뭔가 느낌이 싸늘하더라고. 아는 사람을 만날 것 같은 직감 있잖아, 왜."

직감은 틀리지 않았다. K 선배는 백화점 팀장 출신이었고 퇴사 후 다른 백화점 근처에 작은 커피 부스를 개업한 참이었다. 그런데 재직 당시 일 때문에 알던 협력사 직원이 하필이면 선배의 매장에 방문한 것이다.

하기야, 손님을 탓할 일은 아니었다. 상대는 그곳에서 누가 일하는지 모르고 커피를 사러 온 것뿐이니 말이다. 잠시 자리를 피해 있다가 다시 가게로 돌아갔을 때는 협력사 직원이 이미 아르바이트생에게 주문해 커피를 사서 돌아간 다음이었다.

"이상한 생각이 들더라니까. 내가 왜 자리를 피했지? 뭐 잘못한 일도 없는데 말이야. 괜히 당황해서는…."

민망했던 것이다. 소위 백화점 팀장으로 퇴직했는데 다른 백화점 근처에서 작은 매장을 냈다는 것이, 게다가 넓고 화려한 카페도 아니고 테이크아웃 전문점인 세 평짜리 이름 없는 커피 부스를 운영한다는 것이 남들 보기에 초라하다고 여겨졌으리라. 그러나 선배의 이런 자격지심은 매장을 오픈한지 3개월 만에 건강하게 소멸되었다.

"일을 하면 할수록 자신감이 붙어. 내 일은 이제 이거야. 여기가 내 소중한 생활 터전이야. 그렇게 생각하기 시작하니 별로 거리낄 게 없어졌어. 이젠 예전 직원들을 보더라도 반갑게 인사하지. 오히려 단골이 되도록 노력하려고 말이야. 마일리지 도장도 하나씩 더 찍어주고. 하하하."

사람이 새로운 인생에 적응하는 데 그렇게 많은 시간이 필요하지 않다. 중요한 '마음'이 온전히 준비되면 인생은 생각보다 쉽게 다시 출발할 수 있다.

내 인생은 이미 합격했다는 믿음

회사에 근무하며 창업을 준비하는 사람들이 늘고 있다는 기사가 눈에 띈다. 과연 그럴까? 사실 직장 생활을 하며 막연하게 창업을 생각하기는 하지만 '준비'를 할 만큼 여유가 있는 직장인들이 얼마나 될까? 대부분의 직장인들은 생각뿐이지 실천으로 옮기기란 쉽지 않다. 어떻게 은퇴를 대비해야 하는 걸까? 직장 생활을 병행하며 현명하게 시작할 수 있는 은퇴 준비는 어떤 과정을 거쳐야 할까?

우선 실패 사례를 살펴보면 정답에 좀 더 쉽게 다가갈 수 있다. 가장 큰 실패로 꼽을 수 있는 대표 사례는 바로 이것이다. '회사에 수십 년간 충성을 다하다 하루아침에 해고된 샐러리맨.' 회사에 뼈를 묻겠다는 소리를 농담 아닌 진심으로 하다가 예상치 않은 일로 퇴직을 하게 되면 일단 그 시점이 문제가 된다. 주로 자녀들에게 가장 교육비가 많이 들어가는 시기이기 때문이다. 게다가 퇴직의 충격으로 우울증과 갱년기를 함께 겪는다. 가족들이나 친척들 보기에도 그냥 놀고 있기가 민망하고, 돈 들어갈 곳은 셀 수도 없다.

은 부장도 그런 케이스다. 두 아이가 각각 고3과 대학교 4학년으로 지낼 때 퇴직했다. 제일 먼저 든 걱정은 둘째 아들이 충격으로 수험 생활에 지장을 받지 않을까 하는 점이었다. 은 부장은 노심초사 마음을 졸였다. 아이가 부모 입장을 고려해 일부러 티를 내지 않는 듯했고 마음이 아팠다. 그래도 이 문제는 수월하게 넘어갔다. 그러나 몇 개월이 지나자 또 다른 문제가 찾아왔다. 은퇴자의 고정 코스인 청계산과 시립도서관을 드나들며 쉬는 것도 고역이 된 것이다.

왜 그렇게 마음이 급했을까. 30년 넘게 일했으니 좀 느긋하게 쉬어도 될 터인데⋯. 빨리 일거리를 되찾고 싶던 은 부장이 시작한 일은 P사의 빵 가게였다. 치킨을 튀기며 배달 다니기도 마뜩찮고, 대학 졸업반인 딸은 이미 결혼을 전제한 남자친구가 있었다. 결혼을 시키려니 아버지가 무직자로 있기도 낯 뜨겁고 불편했다. 다행히 프랜차이즈 빵집은 기술자도 파견해주고 모든 과정이 매뉴얼화 되어 있다고 하니 별반 문제될 일이 없을 거라 생각했다.

아내와 함께 매장을 오픈한지 3개월쯤 되어서야 몇 억을 투자하고도 영원한 적자일 수밖에 없는 손익 구조가 파악되었다. 아내에게 가게를 맡겨놓고 그는 아침저녁으로 들여다볼 뿐 무슨 일이 어떻게 돌아가는지 사실 알지도 못했다. 남들 보기에 장사는 꽤 잘되는 듯 돌아가 축하한다는 말마저 듣는 판국에 그는 매월 경비를 따져보면 아내의 인건비 정도 건지게 되는, 말하기도 민망한 손익 구조를 확인했다. 은퇴 후 안일한 창업이 불러온 참사였다.

직장에 다니지만 은퇴를 생각한다는 건 그 직장에 대해 확신이 없는 경우가 대부분이다. 이 회사에서 '나는 충분히 비전 있다'고 느끼는 사람은 은퇴를 미리 준비하기 어렵다. 사람 마음이 그렇다. 마음이 있는 곳에 뜻이 있는 법이다. 지금 하고 있는 일을 오래도록하고 싶지는 않다는 마음에서 은퇴 준비는 탄력을 받는다. 당장이라도 그만두고 싶다는 마음은 이런 심리에 기름을 붓고 불을 붙이는 셈이 된다.

은퇴를 준비하며 명심해야 할 점은 '내 인생은 이미 합격했다'는 믿음이다. 그 누구하고도 비교할 필요가 없다. 인생 2막은 다시 서툴게 시작될 테니 그 자체를 즐길 작정을 미리 해야 한다. 은퇴하는 이유에 대해서도 이미 은퇴가 결정된 이상 곱씹을 필요가 없다. 예기치 않게 해고를 당했든, 회사가 부도나서 폐업이 되었든, 인간관계로 인해 자의 반 타의 반 퇴사했든 이미 은퇴 그 자체가 중요하다. 2막의 출항은 어차피 기대와 불안으로 시작하게 마련이다.

현명한 은퇴 준비는 들인 시간과 발품에 비례한다. '막연함'은 곧 실패의 다른 이름이다. '남 보기에 부끄럽지 않은 일'을 기준으로 삼는다면 그 또한 성공 가능성이 희박하다. 나이가 들고 세월이 갈수록 거저 얻어지는 건 없다. 내가 좋아하는 일인지 아닌지 직접 부딪쳐 경험한 아이템이 인터넷에서 유망하다고 추천하는 종목보다 성공 가능성이 훨씬 높다. 그래야 퇴직 후 새 출발이 행복하다. 평소 DIY 가구 만들기를 취미로 하던 N 선배. 기업 임원에서 퇴직한 후 목공소를 시작했다. 그의 이야기가 잊히지 않는다.

"일하면서 행복하기는 처음이야. 자꾸 웃음이 나. 내 손에서 태어나는 가구들이 내 인생을 찬란하게 만들어. 그래서 자꾸 만져보게 돼. 다음 생애에는 처음부터 목수할까 생각 중이야."

말 그대로
───── 패자부활전

나와 가까운 선배들은 직장인으로서의 세월을 거의 함께한 사람들이다. 가장 오래된 한 선배는 알고 지낸지 20년이 넘는다. 그와는 시집가고 장가가기 전 한 팀의 선후배로 만났다. 보름 차이로 각자 결혼하고 두 달 차이로 첫 아이를 얻었다. 이처럼 같은 직장에서 인생의 황금기를 함께 보내며 오래도록 얼굴을 본 사람들이 내게는 차고 넘치게 많다. 한 평생 바치겠다고 맹세할 만큼 회사가 뛰어나서가 아니다. 생각해보면 딱 한 자리에서 끝장을 보는 성격들이 결국 함께 부대끼며 남아있었다고나 할까.

세월을 이길 장사가 없다는 말을 증명이라도 하듯 선배들과 나는 앞
다투어 요 몇 년 사이에 퇴직을 했다. 퇴직자들의 공통점은 퇴직한 후
몇 달간 쥐죽은 듯 조용히 지낸다는 것이다. 몇 십년 동안 회사에서 골
병든 것을 보상이라도 받듯 여행도 다니고 천하의 백수처럼 집에서 뒹
굴다가 대략 6개월이 넘어가면 식구들 눈치를 보며 다시 재기할 마음이
생기는 법이다.

어찌어찌해 몇 달 후 혹은 해를 넘겨가며 동면하듯 쉬고 난 선배들은
어쩜 그렇게 다양한 일을 찾는지 소식을 들어보면 신기할 따름이다. 다
들 유통업에 종사했다는 전적만이 공통점일뿐 인생 2막의 레퍼토리가
겹치는 사람이 별로 없다. 제일 먼저 스타트를 끊은 사람은 P 전무. 원래
낙천적인데다 남의 눈 별반 신경 안 쓰고 자기 하고 싶은 대로 하는 걸
로 유명했다. 임원 임용에 실패했을 때도 그다지 충격을 받은 것처럼 보
이지 않았다. '나같이 유능한 사람을 놓치다니, 쯧쯧'이라고 얼굴에 써
붙이고 본인 스스로 나서서 본인 환송회를 주도했다. 씩씩하기가 삼국
지 장비를 능가했으려나. 그런 그는 미리 준비라도 하고 있었다는 듯 부
인과 함께 돼지고기 집을 자기 동네에 열었다.

"언제 올 거야? 빨리 와서 고기 맛을 봐야지?"

그 선배 별명이 퇴직하고 나서는 '언제 올 거야'로 불릴 만큼 적극적
인 홍보 정책을 펼쳤다. 돼지고기 브랜드가 떡하니 등 뒤에 써 있는 새

빨간 티셔츠가 그렇게 잘 어울릴 수가! 아주 싱글벙글 즐겁게 숯불을 들고 뛰어다니는 선배가 진심으로 존경스러웠다. 현실을 긍정적으로 받아들이는 그는 적응에 있어서 황제급이었다.

그런가하면 퇴직한지 2년이 지나도록 잠수 타는 선배들도 적지 않다. 워낙 자존심이 강하고 본인 의지와는 관계없이 밀려났다는 상실감이 오래도록 그들을 괴롭힌 탓이다. 게다가 뭘 시작해도 남의 시선이 의식되다보니 자존심을 세울 만큼 번듯한 새 출발이 아니라면 시작도 못한다. 회사에서 나는 새도 떨어뜨린다는 선배 두 명이 대표적이었다. 둘 다 임원 출신으로 대표 자리까지 넘보던 야망을 하루아침에 내려놓고 백수 신세가 되었다. 주변에서도 예상치 못한 일이었으니 당사자들은 오죽했겠는가.

둘 중 한 명인 A는 주변인들과 거의 관계 단절 상태에 들어갔다. 2년이 지난 이후에도 '이제 곧 시작해야지'라는 말로 애매하게 얼버무린다. 거의 귀양살이를 자처한 듯 혼자 지낸다. 술도 혼자 마신다. 한두 번 바깥으로 끌어내리던 후배들도 이젠 그러려니 한다.

또 다른 한 명인 B는 A처럼 마냥 지내기에는 자본이 부족했다. 1년 지나니 생활비가 바닥났고 연로하신 고향의 부모님께 면구스럽게도 손을 내밀어야 하는 처지가 되었다. 그래서 시작한 일이 사무용품 납품 사업이었다. 사실 누군가 두 팔 걷고 도와주지 않으면 어려운 일이었으나,

전 직장에서 어느 정도 밀어줄 거라는 막연한 기대를 품었다. 그러나 웬걸. 세상은 결코 녹록치 않았다. 내가 생각하는 의리와 네가 생각하는 의리는 언제나 다른 법. 전 직장 후배들의 배은망덕함에 치를 떨며 B는 온전히 시작도 못해본 채 사업의 막을 내렸고, 이번에는 인력 공급 용역 회사를 차렸다.

결국 퇴직 2년쯤 지나니 동면했던 A나 뛰어다닌 B나 결과는 비슷했다. 그러나 B는 세상 온갖 쓴맛을 봤다. 본인 표현에 의하면 '인생 바닥 쳐봤다'며 쓴 소주를 들이킨다. (사실 내가 보기에는 아직 멀었다는 판단이지만, 대놓고 말하기도 뭐하다.) A는 세상에 발가벗고 나서기가 아직은 두려워 본인이 뛰어다니며 만든 상처는 없다. 그저 가만히 앉아 본인이 본인에게 상처를 내고 있을 뿐이다.

또 다른 선배 J는 원래 회사 다닐 때도 얌전히 말이 없는 사람이었다. 특별한 자기 주장도, 그렇다고 정열적이지도 않게 미적지근한 직장 생활을 길게 이어갔다. 나이는 먹고 임원 임용도 되지 않자 자연스럽게 퇴직으로 밀려난 후 여기저기 최소한의 비용으로 여행을 다닌다고 했다. 그렇게 일 년 넘게 살다 결국 시작한 사업은 큰돈 들지 않는 테이크아웃 버블 주스 전문점. 후배들은 모두 그의 노하우 정도면 좀 더 크게 시작해도 될 텐데 하고 아쉬워했지만 정작 당사자는 아주 만족스러운 모양이다. 매장에서도 본인이 직접 아내와 함께 즐겁게 일한다고 했다.

"난 지금이 좋아. 열심히 일하면 피곤해서 밤에 그냥 곯아떨어져 잘 수 있거든. 잡념도 없고 스트레스도 없고."

한편 J 선배와 가장 가까웠던 동료 K는 짧은 시간 안에 가장 많은 사고를 친 선배로 악명 높다. 밑천 들이지 않고 보험왕이 되겠다며 퇴직 후 3개월 만에 계약서를 들고 나타나는 바람에 사람들이 다 뜨악했지만 어쩌겠는가, 선배가 새 출발을 한다는데. 다들 계약서에 크고 작은 사인을 울며 겨자 먹기로 했다. 그러나 일 년도 채우지 않고 다시 정수기 렌탈, 꽤 유명하다는 다단계 사업, 연어 무한 리필 식당, 대만에서 들여왔다는 빙수 가게 등 종류도 다양하게 손을 댔다. 직장 생활을 의리 하나로 평정한 J 선배의 저력으로 우리는 멀쩡한 정수기를 바꾸고, 팔자에도 없이 종류별 영양제로 호사를 누리고, 그 느끼한 연어를 원 없이 먹어봤다. 빙수 가게는 겨울에 시작해 덜덜 떨며 먹으러 가보기도 전에 뭐가 그리도 급했는지 빛의 속도로 망해버렸다.

인생의 브레이크 타임을 어떻게 보낼 것인가

직업이 없다는 건 어떤 상태일까. 오늘 저녁에 생각해볼 때 내일 아침에 아무 계획도 없다는 것. 일찍 일어나든 말든 아무도 관심 없다는 것. 내 기상 시간 따위는 어떤 일에도 영향을 미치지 않는다는 것. 그리고 전화도 오지 않고 그렇다고 먼저 연락하고 싶은 사람도 딱히 없다는 것.

이는 어쩌면 대단히 우울한 것을 의미한다.

대단히 뛰어난 발상력을 갖춰 주변의 감탄을 부르던 디자이너가 백수라는 해시태그를 달아 공원에서 기구 운동을 하는 사진을 SNS에 올렸다. 유머러스하고 멋진 그답게 백수라는 이미지도 멋지게 보여줬으나, 백수는 백수고 직업이 없는 건 없는 거다. 그 무엇으로도 상황이 세련되어지지 않는다. '흠, 그도 쉬고 있군. 그 까다로운 성격에 이리저리 얼마나 부딪혔을꼬….'

나 역시 마찬가지였다. 갑자기 발병한 아들 때문에 예상치 못한 급작스러운 퇴직이었다. 그런데 병간호를 위해 집에 머무는 동안 숨이 막히는 듯한 느낌이 들 때가 자주 있었다. 1년 365일 신발 한 번 신지 않고 집에만 있어도 전혀 불편하지 않다는 기이한 내 친구도 있기는 하다. 그러나 나는 직장 시절 어쩌다 집에서 쉬는 날은 하루 종일 편두통에 시달리고 온몸이 퉁퉁 붓는 특이한 체질을 갖춘 사람이었다. 퇴직 후, 처음에는 몸이 왜 아픈가 했다. 나중에 생각해보니 집에 있어 아픈 거였다.

그래서 시작한 일이 몰입 독서였다. 하루에 책 한 권. 그 당시에만도 아이가 아파서 병원을 들락거리고 있는 상황이었으니 1일 1권은 잠을 줄여 오기로 매달려야만 가능한 목표였다. 그것이 가능했던 이유는 무엇이라도 꽉 부여잡고 집중하고 있어야 견딜 수 있을 것 같은 상황 때문이었다. 1년 동안 300권이 넘게 정독했다. 그리고 생애 처음으로 가족

곁에 24시간 머물렀다. 뭐랄까, 그 시간은 나 자신을 마음 깊이 껴안고 있는 느낌이었다.

그 시간들이 나에게는 약이 되었다. 20년 넘는 직장 생활 동안 하루를 48시간으로 뻥튀기해서 쓸 만큼 정신없던 내가 가장 단순한 일상을 경험하는 기간이기도 했다. 그러면서 서두르지 않는 법을 배웠다. 인생은 서두른다고 빨리 해결되지 않는다. 그런 경험이 내게는 치유의 시간이었다. 누구나 브레이크 타임을 겪는다. 인생을 시간별로 세워놓고 보자면 인생 2막을 시작하기 전 브레이크 타임이 가장 중요한 듯하다. 그 시간에 낯선 분야에서 열정적으로 서둘러 뛸 수도 있고, 세상과 이별한양 잠수를 타기도 하고, 좋아하는 일은 아니지만 스트레스 받지 않는 단순한 육체노동에 몇 년간 푹 빠지기도 한다. 어느 것 하나 귀하지 않은 일은 없다.

단, 짧지 않은 시간 몸담았던 직장으로부터 벗어난 브레이크 타임이라면 자신이 하고 싶은 일을 하는 게 최선이다. 마음 가는 일을 마음이 자연스레 정하는 만큼 스스로에게 시간을 주어야 한다. 그래야 2막을 다시 잘 시작할 수 있다. 주변을 둘러보면 확률적으로 그렇다. 자신이 원하지 않지만 돈이 된다고, 때로는 남들 보기에 번듯하다고, 안정적이라고 섣부르게 시작한 일에는 늘 후회가 뒤따른다. 1막에서 남들에게 좋아 보이는 일 많이 해봤으니 굳이 브레이크 타임에서까지 그럴 필요

없다.

　지금 생각하면 나는 퇴직 후 공백 기간을 미친 듯이 책을 읽으며 오래, 그리고 깊게 생각하는 시간을 가졌기 때문에 인생 2막을 '글쟁이'로 다시 시작할 수 있었다. 책을 쓰고 신문에 칼럼을 연재하고…. 직장 시절에는 내가 그렇게 살 것 이라고 상상도 하지 않았다. 인생은 참 모를 일이다. 그 모를 일이 좋은 모를 일이 되기 위해서는 누구든 브레이크 타임은 내 마음 가는 일로 채워야 한다. 말 그대로 패자부활전에서 승리하기 위한 브레이크 타임이니 말이다.

인생을 ── 지배하는 것

아침에 눈을 뜨면서 머리가 아프다. 개운하게 일어나본 것이 언제인지 기억도 나지 않는다. 어떻게 해도 떨어지지 않는 두통 때문에 온몸이 아프다. 일어나 불을 켜고 포트에 물을 올린다. 일어나자마자 커피를 마시는 버릇은 두통 때문에 시작됐다. 눈도 제대로 뜨지 않고 인스턴트커피 두 봉지를 뜯어 컵에 넣고 뜨거운 물을 부었다. 해가 뜨려면 아직 한참 있어야 한다. 춥고 캄캄한 겨울 새벽하늘을 보며 커피 마시는 풍경을 나는 좋아한다. 한 시간쯤 있으면 테라스로 보이는 저 캄캄한 산 너머로 붉은 해가 떠오를 거다.

컴퓨터를 켰다. 누가 시키지 않아도, 의무가 아니어도 딱 그 시간에 뭔가 하고 있어야 마음이 놓이는 건 일종의 강박증이다. 그것도 천성이다. 아침에 일찍 일어나 신문을 보든, 글을 쓰든, 책을 읽든 해야 마음이 편하다. 그렇게 오늘도 시작했다. 늘 아침 일찍 일어나 서둘러 출근하던 시절은 까마득한 느낌이다. 그러나 아직도 아침에 아무 스케줄이 없다는 데 익숙해지지 않는다. 남편을 출근시키고 아이들을 학교에 보내고, 늦은 아침을 혼자 먹는 이 나날들이 도무지 몸에 맞지 않는 옷을 입은 듯 불편하다.

퇴직한 선배들을 보면서 '아휴, 이젠 쉬셔야죠. 그 나이에…'라고 했던 것을 많이 반성한다. 그들도 지금 내 마음 같았을 거다. 가만히 앉아있어도 속이 염탕한다. 목에 뭔가 큰 덩어리가 꼭 끼어 있는 느낌이다. 점심을 먹고 책을 읽고 아이가 오면 밥을 챙기고, 청소기를 돌리고, 저녁 쌀을 씻어 밥을 한다. '반찬은 뭘 하지?'라고 생각하며 또 속이 터진다. 콩나물을 꺼내 다듬고 삶으며 속에서 뜨거운 게 올라온다. 지금 이러고 있을 때가 아닌데…. 그럼 뭐 딱히 할 일도 없지만 그래도 나는 이러고 있으면 안 될 것 같다. '이러고 있으면 안 되는데, 안되는데….' 그렇게 세월을 보낸다. 속을 끓이며.

자존심이 없어진지는 한참 되었다. 여기저기 온갖 제안서를 보냈지만 감감무소식이다. 어디에서도 전화가 오지 않는다. 오는 전화는 쓸데없는 광고뿐이다. 세상에서 완전히 소외되고 내쳐진 느낌이 거의 공포에 가깝다. 나라는 사람은 잊힌 존재인가.

사람을 만나는 것도 이제는 부담스럽다. 연말이 되고 마치 해가 바뀌기 전 동창회를 하지 않으면 큰일 날것처럼 요란스럽게 여기저기 모임을 알린다. 학교 동창회가 그렇고, 회사 OB 모임이 그렇다. 몇몇 친한 선배들과 오붓하게 모이는 자리도 있다. 그러나 오랜만에 만나서 반갑기는 한데 돌아오는 길이 너무 허무하다. 폭탄주가 돌아가고 서로의 안부를 묻고, 예전 추억담을 박장대소하며 서로 나눈다. 그리고 잘 지내라 제대로 이야기할 새도 없이 술에 취한 채 바삐 흩어진다. 마음이 허전하다. 휑하니 허무한 마음을 부여잡고 집에 와서 새삼스레 나의 현재 상황에 암담해진다. 앞으로 어떻게 한다…?

늘 감사하는 마음을 갖는다는 건 중요하다. 집안 유전자에 긍정적인 가풍이 흐르고 무엇보다 기독교 집안에서 자란 나는 모든 일에 감사라는 절대 명제에 대해 늘 순종적인 자세인 편이다. 사실 따져보면 감사한 일 뿐이다. 가족들이 건강하고, 이 추운 겨울날에 따뜻한 집에서 잠들고 일어나고, 따뜻한 밥을 먹을 수 있고, 아이들이 학교에 잘 다니고, 남편이 그 나이에 아직 회사에 다니며 월급을 타니 이보다 더 감사한 일이 어디 있겠는가. 그러나 나는 참 이기적인 인간인가보다. 내가 집에서 백수 생활을 하다 보니 정말 모든 일에 감사한데 행복하지 않다. 다행이고 감사하지만 아침에 눈을 뜰 때 행복하지 않다. 하나님 입장에서는 배은 망덕이라고 해도 할 수 없다. 그냥 내 느낌이 그렇다.

나는 지금 일이 필요하다. 저 세상 안으로 들어가서 그들과 부대끼며 섞여 있어야 나다울 수 있다. 할 수 있는 일이 많은데, 아무리 열 번을 양보하고 생각해도 나의 이 노동력을 이런 식으로 사장시키는 것은 낭비인데…. 일하고 싶다. 세상 안으로 다시 들어가고 싶다. 마치 따돌림 당하는 어린아이가 재미있게 놀고 있는 아이들 무리를 먼발치에서 바라보며 부러워 발로 애꿎은 땅만 차고 있는 그런 형상이다.

1년을 그런 심정으로 지냈다. 20년 넘게 일했으니 일부러라도 쉴만한데 맘 편히 쉬는 게 되는 사람이 있고 안 되는 사람이 있다. 난 안 되는, 정말 그러고는 못사는 종류였다. 그래서 마치 야근하고 특근하듯 책을 읽고 글을 썼다. 뭐라도 해야 하는데 그 상황에서 나의 최선은 책을 출판하는 일이었다. 다행히 반응도 좋고 감사하게도 일간지 고정 칼럼까지 쓸 수 있게 되었다. 강의 요청이 들어와 나는 인생 2막을 작가, 강연가, 컨설턴트로 다시 살아간다. 갑작스레 허겁지겁 퇴사했을 당시는 생각지도 못했던 내 인생의 반전 스토리다.

지혜로운 퇴직 준비의 비결

직장인들은 주로 예기치 않게 퇴직을 하는 경우가 많다. 회사 내에 있을 때 차곡차곡 은퇴 준비를 하면 좋을 텐데 그렇게 마음에 여유를 가지고 직장 생활하기 쉬운 환경이 아니다. 회사에 있을 때는 막연히 '나도 퇴직 준비를 해야 하지 않을까' 하는 마음만 가지고 있다가 갑자기 튕겨져 나오면 당황한다.

"미리 뭐라도 준비해야 한다는 소리가 그때는 들리지 않더라니까. 한 귀로 듣고 그저 한귀로 흘렸었나봐. '이제 얼마나 직장 생활 더한다고 그래? 슬슬 찾아봐야 하지 않아?'라는 선배들 말을 들을 때도 '선배님, 저는 아직 많이 남았습니다'라고 자신만만해했지. 비록 속으로 한 혼잣 말이었지만 말이야. 그때는 이렇게 그날이 빨리 올 줄 몰랐어."

내 선배 C는 그럴 만도 했다. 누구보다 유능해서 샐러리맨의 신화까지는 아니더라도 특별한 능력자였으니까. 누구도 그의 승승장구가 오랫동안 계속될 것을 의심하지 않았다. 그러나 세상에 장담할 일은 아무것도 없는 법. 하루아침에 본의 아니게 퇴사하게 되고 C는 거의 공황 상태에 빠졌다. 일단은 자존심을 크게 다친 것이다. 아무도 만나지 않고 두문불출했다. 그러나 세상은 생각보다 냉정하다. 그렇게 C 앞에 눈도장 찍고자 애걸복걸하던 사람들이 하루아침에 완벽하게 무심해졌다. C는 결국 공황이 오고 약을 먹고 회복하기까지 꽤 오랜 시간이 걸렸다. 퇴직 후 제대로 다시서기는 말처럼 쉽지 않다.

다른 선배들도 대부분 그렇다. 한때는 회사에서 '내가 제일 잘나가'라는 노래의 주인공들이었어도 세월에는 이길 장사가 없다. 그들은 치킨과 빵에서 피자와 떡볶이까지 온갖 외식 프랜차이즈를 하루 종일 머릿속으로 굴려보는 걸로 퇴직 후 시간보내기를 시작한다. 그리고 동네 뒷산으로, 카페로 잠시 피신할 곳을 성의껏 찾는다. 노는 일도 놀아본 사람이 한다고 내 주변의 선배들은 그야말로 일밖에 모르는 범생이들 뿐이라 노는 일도 어색해서 잘하지 못했다.

그 다음 단계는 뭘 해보자고 해도 불안하고 확신이 없어 고민만 하거나, 아니면 장밋빛 착각에 빠져 집을 담보로 식당이든 옷 가게든 질러버리거나 둘 중 하나다. 그러나 자영업자가 샐러리맨보다 시간당 인건비가 더 싸다는 사실을 아는가? 열에 아홉은 직장 생활로 돌아가고 싶다고 고백한다. 그리고 어렵게 도전한 자영업의 실패를 예감하며 공포에 휩싸인다.

퇴직은 직장 생활을 총결산하는 성적표다. 퇴직 이후 다시 시작하는 건 맞지만 이 출발점이 직장 생활을 어떻게 했느냐와 맞물려 있음이 사실이다. 퇴직 시기를 예견하기란 쉽지 않다. 언젠가는 해야 할 퇴직을 준비하는 가장 좋은 방법은 지금 충실한 시간을 보내는 것. 퇴직 후 작가가 되려고 해도 평소에 책을 좋아하고 많이 읽어야 한다. 작은 카페를 하거나 무역 회사를 차리려 해도 평소 그에 대한 전문적인 정보가 꾸준히 누적되어 있어야 성공할 수 있다. 그 모든 준비 중 첫 걸음은 현재 하고 있는 일을 귀하게 여기고, 즐기는 것, 그리고 최선을 다해 잘해보려 노력하는 것이다. 인생을 지배하는 것은 다름 아닌 현재라는 시간을 다루는 태도이기 때문이다.

꿈은
언제나 ─────────
옳다

'오늘도 투덜이 스머프의 징징댐으로 하루를 시작하는구나. 이건 모
닝커피도 아니고…. 왜 네가 내 하루의 시작에 그리 자주 등장하는지!
우리가 솔직히 애인도 아니고, 그렇다고 그리 친한 선후배도 아니잖니?
오늘은 또 뭐냐? 빨리 끝내자. 오늘 나 회의 많다!'

투덜이 스머프 문영이는 내 후배이고 그의 남편은 내 부하 직원이다.
이런 상황을 두고 진퇴양난이라고 한다. 지금도 발등 찍게 후회하고 있
지만, 내가 중매 서서 결혼한 첫 번째 커플이다. 그래서 10년째 난 그들
의 자잘한 가정사까지 꿰고 있는 '정신적 집사'가 되었다. 집사로서 행

복하려면 주인이 고양이여야 한다. 사람은 피곤하다. 오죽하면 그녀의 별명이 투덜이 스머프겠는가. 이 후배가 두통을 달고 사는 이유도 불만이 너무 많아 그렇다. 오늘의 용건은 내 부하 직원인 후배의 남편이 2주 동안 하루도 빠짐없이 12시 다 되서 '기어들어왔다'는 것이다.

"그게 뭐? 다음 달 오픈이라 안 그러디? 네 남편만 늦는 거 아냐. 여기 전쟁터다. 너도 나와서 돕든지."

"그게 아니라요, 언니. 집에 와서도 말을 안 해요. 혹시 회사에서 무슨 일 있나요?"

"말을 안 하는 이유를 왜 나한테 묻냐?"

"물어봐도 그이가 말을 안 하니 답답하네요."

'나는 그러는 네가 더 답답하다'는 소리가 목구멍까지 올라왔지만 꾹 참았다. 빨리 회의에 들어가야 하니까. "내가 대신 물어봐줄게. 왜 집에서 말을 안 하는지"라며 결국 말 같지도 않은 약속을 하고나서야 전화를 끊었다.

문영이는 엘리트 코스를 밟은 표준 '엄친딸'이다. 고액 과외의 계보를 줄줄 외우는 어머니의 활약으로 외고를 거쳐 대한민국 최고라는 S대를 나왔다. 유학 보내면 혼기를 놓친다는 경악할 이유로 바로 삼성에 입사 (회사도 어머니께서 정해주셨다), 7년을 근무하다 결혼했다. 이런 배경 상황에서 어머니가 아닌 내가 중매를 설 수 있었던 것은 어머니께서 골라오

는 신랑감마다 문영이 극도의 히스테리 반응을 일으키며 날뛴 덕분이
었다.

엄마가 선택하는 신랑 후보감은 문영의 말에 따르면, 재수가 없거나
외모가 슬픈 사람들뿐이라고 했다. 너무 잘난 척이 심해서 함께 앉아 있
다가는 호흡곤란이 오든지, 뛰어난 학력과 재력을 갖췄지만 그녀의 환
상을 충족시키기에 도무지 불가할 만큼 미흡한 외모의 남자들이라는
것. 결국 나는 중매를 서면서도 문영의 어머니에게 진심어린 감사 인사
를 받지 못했다.

문영의 인생에서 엄마에게 반항한 일은 오로지 결혼 한 가지뿐이었
다. 결혼식부터는 또 예외 없이 '남부럽지 않은'이 기준이자 원칙이 되
었다. 남들이 좋다는 '으리 번쩍' 호텔 예식장을 필두로 매사가 그랬다.
결혼하고 나서 그녀는 엄마의 결정대로 유럽에서 가정용품을 수입하는
회사를 차렸다. 강남 한복판에 매장을 내고 운영하지만 실제 수익이 나
는지는 요원하다. 일단 세련되고 품위 있으면 된 것이다. 문영은 그게
적성에 맞지 않지만 '어쩌겠어요. 하라는데…'라고 말해 나를 또 한 번
기함시켰다. '남 보기 좋은 대로, 남이 부러워할 만하게'가 그 집의 가훈
일지도 모른다. 그렇게 문영은 살면서 날마다 투덜거리고 날마다 남에
게 자신의 일을 묻기 바쁘다.

가장 나답게 살기 위한 선택

인생을 구성하는 것은 뭘까. 사람마다, 가치관 따라 다르겠지만 최대한 공통점을 찾아보자면 일과 사랑하는 사람과의 관계, 신앙, 그리고 내가 좋아하는 것으로 축약된다. 이런 요소에 만족이 있으면 보통 행복하다고 느낀다. 중요한 것은 인생을 구성하고 있는 이런 요소들에 있어 내가 결정하고 선택한 것으로써 내 삶이 채워지고 있느냐는 것이다.

내가 주인공인 인생에 성공하기 위해서는 내가 진실로 좋아하는 일을 선택해서 내가 원하는 삶을 살아야 하는데, 과연 그렇게 사는 사람들이 얼마나 될까. 정확히 말하면 그렇게 살아야 한다는 것 자체를 인지하지 못하는 경우도 많다. 왜냐하면 늘 내 인생을 꾸려나가는 데 있어서도 남을 곁눈질하고 흉내 내고 있기 때문이다.

인생을 한걸음만 걷자고 해도 우리는 수많은 선택을 하며 지나가야 한다. 그렇다면 내가 원하는 삶, 다시 말해 나답게 사는 삶을 살기 위해 우리는 어디에 초점을 맞춰야 하는 것일까. 우선은 지금부터 평생 해도 행복하겠다 싶은 일을 찾아야 한다. 인생에서 일이 차지하는 부분이 워낙 크기 때문이다. 수많은 선택 중 좋아하는 일을 제대로 고르는 것만으로도 나답게 사는 일에 가깝게 다가서는 행운을 갖게 된다. 그렇다면 좋아하는 일은 어떻게 찾는가? 그 일이 내가 좋아하는 일인지 아닌지 어떻게 확신할 수 있는가?

가장 간단하게 정리해보자면 이러하다. 그 일이 내가 좋아하는지 곰곰이 고민하고 생각해도 알쏭달쏭하다면 오답일 확률이 크다. 머리가 아닌 가슴으로 '좋다!'라고 여겨져야 한다. 좋다는 감정은 단순해야 정직하다. 즉각 좋아하는 일이라 가슴이 울려야 한다. 그런 일을 하게 되면 나다운 일을 하는 거라 말해도 좋다. 그러면 또 다른 질문. 즉각 좋아하는 일이 아무리 생각해도 없다면? 그 이유는 직접 경험한 것이 너무 적어서 그렇다고 볼 수 있다. 요즘은 무엇이든 인터넷에 물어본다. 주말에 뭘 하면 좋을지, 어떤 식당에 가야 실패가 없을지 같은 소소한 문제부터 향후 어떤 직업을 갖는 것이 전망 있을지까지 자신의 운명조차 인터넷에서 가르치는 대로 믿는 경향이 있다.

물어보지 말자. 인터넷은 당신을 당신보다 모른다. 될수록 많은 시도와 경험을 쌓는 것만이 답이다. 내 가슴을 움직이게 하는 그 무엇을 위해 그 정도 투자는 해줘야 한다. 여행을 가고, 새로운 사람들을 만나보고, 전혀 낯선 아이템 속에 헤매보기도 하면서 내가 어떤 걸 좋아하는지 스스로에게 물어봐야 한다. 나답게 살기 위해 좋아하는 일을 찾는 여정은 나이와는 상관없다. 그것은 미래의 직업을 꿈꾸는 청소년만의 전유물이 아니다. 어느 나이건 꿈은 언제나 옳다. 지금 하고 있는 일이 나에게 맞지 않는 옷을 입고, 분장을 하고, 무대 위에 올라와 있는 기분이 든다면 지금이라도 다시 찾아봐야 하는 게 맞다.

우리는 대부분 남의 평가, 사회의 편견에 나를 맞추며 사는 게 아닌가 싶다. 거기에 맞추느라 내게 없는 것을 있는 척하고, 아닌척하며 사는 것은 재미없고 힘만 든다. 기준이 사람마다 다른데 남의 평가를 절대적으로 의존하는 건 어리석다. 흔히 정답 사회라고 한다. 몇 살에 학교를 졸업해야 하고, 몇 살에 다시 취업을, 결혼을 해야 하는 사회적 정답에 나를 맞추지 못하면 열패감을 느낀다.

그러나 획일적인 기준, 똑같은 생각으로는 더 이상 경쟁력이 없는 세상이 되었다. 이런 세상에서 제대로 살기 위해서는 나 스스로에게 주목하고 나답게 살기 위해 노력해야 한다. 그러기위해 내 가슴이 두근거리는 일을 많은 시도 끝에 찾아냈다면 이제 나만의 스토리를 만들어낼 수 있다. 나만의 스토리를 만들어내는 과정은 정답 사회 속에서 꿋꿋이 나답게 살아갈 수 있는 에너지를 부여해준다.

나만의 스토리를 만들어가며 철저히 나를 사랑하면 나의 존재 가치를 신뢰할 수 있다. 자존감이 높은 사람은 자기가 늘 주인공이다. 남의 눈을 그다지 의식하지 않는다는 이야기다. 반대로 자존감이 떨어지는 사람은 시도 때도 없이 남이 알아봐주기를 바란다. 그러는 사이 남에게 인정받기 위해 정작 '자기'는 점점 없어진다. 나 자신이 없어진 인생은 행복하지 않다.

이 모든 '나답기 위한 미션'에는 무엇보다 용기가 필요하다. 내가 좋아하는 일을 찾기까지, 내 마음속의 울림을 듣기 위해 직접 세상에 부딪치며 여러 경험을 해나가는 일. 마침내 찾은 그 일을 내가 원하는 삶으로 규정하고 내가 옳다고 생각하는 스타일로 흔들리지 않고 걸어가는 일이 바로 용기다. 삶의 초점은 그렇게 맞춰져야 한다. 그렇게 나답게 살고 일하기 위해 용기를 낼 때 우리는 인생의 행복을 선물로 받게 된다.